DE CORPO E ALMA

Boris Cyrulnik

DE CORPO E ALMA

Tradução CLAUDIA BERLINER

wmf **martinsfontes**

SÃO PAULO 2009

Esta obra foi publicada originalmente em francês com o título
DE CHAIR ET D'AME
por Odile Jacob, Paris.

1ª edição *2009*

Tradução
CLAUDIA BERLINER

Tradução dos esquemas das pp. 185-6
José Brandão Cipolla
Acompanhamento editorial
Luzia Aparecida dos Santos
Preparação do original
Andréa Stahel Monteiro da Silva
Revisões gráficas
Sandra Cortes
Letícia Castello Branco Braun
Produção gráfica
Geraldo Alves
Paginação
Moacir Katsumi Matsusaka

Dados Internacionais de Catalogação na Publicação (CIP)
(Câmara Brasileira do Livro, SP, Brasil)

Cyrulnik, Boris
De corpo e alma / Boris Cyrulnik ; tradução Claudia Berliner. – São Paulo : Editora WMF Martins Fontes, 2009.

Título original: De chair et d'âme.
ISBN 978-85-7827-065-0

1. Conduta de vida 2. Espírito e corpo I. Título.

08-12381 CDD-158.1

Índices para catálogo sistemático:
1. Equilíbrio pessoal : Psicologia aplicada 158.1

Livraria Martins Fontes Editora Ltda.
Rua Conselheiro Ramalho, 330 01325-000 São Paulo SP Brasil
Tel. (11) 3241.3677 Fax (11) 3101.1042
e-mail: info@wmfmartinsfontes.com.br http://www.wmfmartinsfontes.com.br

Índice

Capítulo III. Os dois inconscientes

Introdução

Um dia, faz muito tempo, conheci uns cientistas estranhos e benevolentes. Ao me apresentar no serviço parisiense de neurocirurgia para o qual acabara de ser nomeado, vi o chefe e seu assistente virem ao meu encontro. Ambos mancavam.

Pouco depois chegaram o interno, o residente e as enfermeiras. Também eles mancavam. Não me atrevi a expressar meu espanto em voz alta, mas, acreditem, é muito estranho ver todo um serviço de médicos, pesquisadores e psicólogos se deslocar mancando, todos ao mesmo tempo!

Passei um ano naquele serviço em contato com pessoas apaixonantes. Elas sabiam tudo sobre o cérebro: sua anatomia, seu funcionamento, os distúrbios precisos provocados por ferimentos e, às vezes, o meio de consertá-los. Sabiam utilizar máquinas maravilhosas que captavam a eletricidade dos neurônios e outras que transformavam as zonas cerebrais em cores no momento em que elas estavam trabalhando intensamente. Só de olhar a imagem do cérebro, conseguiam predizer o movimento que a pessoa observada estava prestes a fazer ou a emoção que estava sentindo antes de ela mesma tomar consciência!

Ao cabo de um ano, uma amável secretária comunicou-me que meu contrato não seria renovado. Tive a impressão de entender, por suas meias-palavras, que me recriminavam o fato de não mancar.

Por sorte logo encontrei outro trabalho num serviço de psiquiatria de Alpes-de-Haute-Provence. Ao me apresentar, vi no fundo do corredor o chefe e seu assistente vindo ao meu encontro para me receber. Também eles mancavam, mas não do mesmo pé. É muito estranho constatar que tantos médicos, pesquisadores e psicólogos andam lado a lado mancando. Perguntei-me por que não mancavam do mesmo pé.

Aqueles profissionais eram apaixonantes. Sabiam tudo sobre a alma: seu surgimento, seu desenvolvimento, seus conflitos intrapsíquicos, seus subterrâneos e os meios de explorá-los.

Passei um ano em contato com aqueles maravilhosos cientistas. Mas, quando uma amável secretária comunicou-me que meu contrato não seria renovado, tive a impressão de entender por suas meias-palavras que, mais uma vez, me recriminavam o fato de não mancar. Fiquei muito irritado.

Decidi então protestar junto ao Conselho Nacional de Medicina, presidido pelo professor Joël Moscorici, o grande psicanalista, e Donald Grosslöcher, o neurocirurgião. Estava muito intimidado aguardando-os na pomposa sala do conselho e, quando me levantei para recebê-los, fiquei pasmo ao ver que também eles mancavam, mas cada um de um pé diferente.

Quando a sentença foi pronunciada, ouvi que eu de fato não podia continuar nem no serviço de neurologia nem no de psiquiatria porque não mancava.

Disse então: "Ilustres acadêmicos, os senhores estão equivocados! Acham que ando direito, mas é porque manco dos dois pés."[1]

Minha confissão os desconcertou e intrigou o professor Mutter, de Marselha, que participava do júri e ficou muito interessado, pois nunca tinha visto alguém mancar dos dois pés. Indagou se aquele estranho modo de andar não poderia, even-

....

1. Fábula inspirada em Michel Piquemal, *Les Philo-Fables*, Paris, Albin Michel, 2003, pp. 72-3.

tualmente, produzir alguma nova ideia e me convidou para trabalhar com ele.

Naquela época, os neurologistas desprezavam os psiquiatras que propunham psicoterapias para pacientes com tumores cerebrais. E os psiquiatras se indignavam ao constatar que era possível aliviar em algumas entrevistas pessoas cujo cérebro tinha sido esquadrinhado por máquinas nem sempre maravilhosas.

Em suma, cada um mancava do seu pé e se apoiava de preferência na perna hipertrofiada, ignorando a outra que se atrofiava.

Este livro é o resultado do trajeto particular de alguns viandantes que mancaram dos dois pés em caminhos de cabras[2].

Epistemologia do cozido

> "Aqueles que creem na materialidade da alma pensam como vacas.
>
> – Aqueles que creem que a alma não tem substância pensam pior ainda."
>
> SARAHA (*c.* séc. IX d.C.)[3]

Desde a Grécia clássica, o Ocidente contrapôs a energia animal que animava o corpo à razão que governava a alma. Tal posição facilitou o estudo do corpo como coisa e favoreceu belos e inspirados voos sobre as almas etéreas.

Descartes, acusado de dualismo, lançou uma ponte ao amarrar a alma sem substância à abita da epífise, em pleno centro do cérebro. Essa difícil amarradura concorreu para a representação de um homem cortado em dois: a matéria de seu corpo ligada por um cordão à sua alma imaterial.

Hoje, com os incríveis resultados técnicos das imagens do cérebro associados à clínica neurológica e à psicologia, é possível abordar o problema de outra maneira. Questionando os pes-

....

2. Cyrulnik, B., "Les sentiers de chèvres et l'autoroute", *in* V. Duclert, *Quel avenir pour la recherche?*, Paris, Flammarion, 2003, pp. 70-9.

3. Decerto, um provérbio de sabedoria popular que inspirou F. Varela, E. Thompson, E. Rosch, *L'Inscription corporelle de l'esprit*, Paris, Seuil, 1993.

quisadores de diferentes disciplinas, podemos esclarecer os seguintes problemas[4]:

- Existem pessoas entre nós que parecem invulneráveis. Suportam rindo as inevitáveis perdas e feridas da existência. Os pesquisadores acabam de encontrar nelas um gene que facilita o transporte da serotonina, um neurotransmissor, uma substância que luta contra as emoções depressivas. Será que existe um gene da resiliência? Será que as pessoas que transportam pouca serotonina são capazes de organizar um estilo de vida tranquilo que lhes evite a depressão e as faça desenvolver-se bem apesar de tudo?
- Um pensamento fácil nos leva a crer que, quando se está infeliz, basta refugiar-se nos braços da felicidade. A organização cerebral lança uma sombra sobre essa ideia excessivamente clara. Os circuitos neurológicos da dor desembocam em zonas cerebrais adjacentes às áreas das emoções felizes. O rumo das informações é desviado por um nada. Um encontro afetivo, uma simples palavra ou uma circuitaria de neurônios traçada nos primeiros anos de vida pode nos fazer passar da alegria para a infelicidade.
- Quando o arquipélago do Inconsciente foi descoberto no século XIX, Freud, ao abordar a ilha do Recalcamento, pressentiu que, na bruma que se avistava ao longe, desenhavam-se as falésias da "Rocha do Biológico"[5]. Naquela época, as neurociências ainda não tornavam possível a navegação naquelas águas longínquas. Hoje, contudo, as neuroimagens[6] e os dados etológicos[7] enviam sondas

....

4. Embora a ordem dos capítulos me pareça lógica, quem quiser evitar algumas páginas técnicas e se interessar mais pelas páginas existenciais poderá lê-los fora de ordem.

5. Freud, S., "Analyse terminée et analyse interminable", *Revue française de psychanalyse*, nº 1, 1937, pp. 3-38.

6. Neuroimagem: fotografias do cérebro estático produzidas pela tomografia, ou dinâmico, produzidas pela ressonância magnética nuclear (RMN).

7. Etologia: biologia do comportamento. Método comparativo que integra dados genéticos, neurológicos, psicológicos, sociológicos e lingüísticos. Ati-

para investigar essas profundezas. O explorador descobre então um outro inconsciente, biológico, diferente do inconsciente freudiano e no entanto associado a ele de modo conflituoso, como dois cavalos que puxam um mesmo tirante em direções opostas[8].

- Curiosa exigência da condição humana: sem a presença de um outro não podemos nos tornar nós mesmos, como revelam na tomografia as atrofias cerebrais das crianças privadas de afeto. Para desenvolver nossas aptidões biológicas, somos obrigados a nos descentrar de nós mesmos para experimentar o prazer e a angústia de visitar o mundo mental dos outros. Para nos tornarmos inteligentes, temos de ser amados. O cérebro, que era a causa do impulso para o mundo externo, torna-se aqui a consequência de nossas relações. Sem apego não há empatia. O "eu" não pode viver só[9]. Sem empatia tornamo-nos sádicos, mas excesso de empatia nos leva para o masoquismo.
- A velhice que acaba de nascer já não é o que era. A representação do tempo se dilata quando os idosos se preocupam com o infinito e se lembram de seu longo passado. A memória diferente que eles têm reforça sua identidade, otimiza o que eles já sabiam e descarta o que tinham adquirido frouxamente. Redescobrem Deus, que transformam numa base segura. Enquanto isso, a neuromusicologia nos explica o mistério de um homem que tem de ser concomitantemente neurológico, emocional e profundamente cultural, propondo-nos assim uma nova teoria do Homem.

....

tude multidisciplinar que permite estudar os seres vivos (animais e humanos) numa ótica evolutiva.

8. Platão, "Phèdre", *Oeuvres complètes*, t. IV, Paris, Les Belles Lettres, 1961, pp. 79-81.

9. Perrin, F., "Le Jeu du Je ou l'éclat du Je éclaté", master II, Ciências da linguagem, Nice, 2006.

Até agora, construímos uma representação de homem cortado em dois pedaços separados. Ora, é tão pouco concebível um homem sem alma quanto uma alma sem homem.

Quem sabe no final do livro ele possa andar sem mancar.

Capítulo I
Os afetivamente frágeis

Para a alegria dos pensamentos preguiçosos

O pensamento preguiçoso é um pensamento perigoso porque, ao pretender encontrar a causa única de um sofrimento, chega à conclusão lógica de que basta suprimir essa causa, o que raramente é verdade. Esse tipo de raciocínio é sustentado por aqueles que ficam aliviados quando encontram um bode expiatório: basta sacrificá-lo para que tudo fique bem. O pensamento do bode expiatório muitas vezes é sociobiológico: basta prender os tarados ou impedi-los de reproduzir, basta responsabilizar as famílias pelo que não vai bem, basta separar as crianças de sua mãe mortífera.

A proposta da biologia do apego, que integra dados oriundos de diferentes disciplinas, pode evitar esses raciocínios guilhotina. E a noção de vulnerabilidade vai me permitir ilustrar como essa palavra perde seu poder de bode expiatório quando é abordada de modo simultaneamente biológico e sentimental.

Durante vinte e cinco anos, um número crescente de trabalhos sobre a vulnerabilidade aparecia nas publicações psicológicas. Convinha, pois, refletir sobre seu antônimo, a invulnerabilidade[1]. Já no prefácio, o psicanalista James Anthony escreve

....

1. Anthony, E. J.; Cohler, B. J., *The Invulnerable Child*, Nova York-Londres, The Guilford Press, 1987.

que "não existe criança invulnerável" e que "ele preferiu o termo invulnerabilidade ao termo resiliência para chamar a atenção dos leitores".

Deu certo. Todos os autores criticaram essa noção esclarecendo que o contrário de "vulnerabilidade" não é "invulnerabilidade" e sim "proteção". Cada idade possui sua força e sua fraqueza, e os momentos não "vulnerados", não feridos da vida podem ser explicados por um controle dos fatores de desenvolvimento – genéticos, biológicos, afetivos e culturais –, em constantes remanejamentos[2]. Ser invulnerável significaria impossível de ser ferido! Como vocês imaginam que isso seja possível? Mesmo as crianças protegidas demais "podem se mostrar vulneráveis, ao passo que outras, submetidas a acontecimentos chocantes, têm a possibilidade de não se desorganizar e continuar se construindo aparentemente sem dano"[3]. A melhor proteção consiste tanto em evitar os choques que destroem como em evitar proteger-se demais deles! Os caminhos da vida se situam numa crista estreita, entre todas as formas de vulnerabilidade, genéticas, desenvolvimentais, históricas e culturais. Esse controle das vulnerabilidades não significa resiliência, porque, por definição, para resilir uma infelicidade passada é preciso justamente ter sido vulnerado, ferido, traumatizado, invadido, dilacerado, ter passado por essas palavras que traduzem a palavra grega *titrôskô* (trauma)[4]. Também é possível encontrar em si e em torno de si alguns meios que possibilitem voltar à vida e retomar um desenvolvimento e ao mesmo tempo manter a ferida na memória. Nesse caso, pode-se falar de resiliência.

....

2. Visier, J.-P., "Vulnerabilité", *in* D. Houzel, M. Emmanuelli, F. Moggio (orgs.), *Dictionnaire de psychopathologie de l'enfant et de l'adolescent*, Paris, PUF, 2000.

3. *Ibid.*

4. Theis, A., "Approche psychodynamique de la resilience", tese, Nancy, 20 de janeiro de 2006.

Ressonância: traço-de-união entre a história de um e a biologia do outro

Um traço morfológico ou uma conduta geneticamente determinada determina por sua vez as respostas parentais. Mas as réplicas adaptativas dependem do significado que o pai ou a mãe atribuem a esse traço[5]. A aparência morfológica ou comportamental da criança desperta uma lembrança na história parental e essa evocação organiza a resposta afetiva com a qual o pai ou a mãe envolve seu filho. Um segmento de real vibra de modo diferente segundo a estrutura do meio. Um traço anatômico ou temperamental, um gesto ou uma frase ressoam de modo diferente segundo o significado que adquirem numa mente e não em outra, numa cultura e não em outra.

Os gêmeos realizam experimentos naturais, totalmente éticos, já que não foi o observador que os construiu. Quando a senhora D. deu à luz suas duas gêmeas, não sabia que seriam tão diferentes. Desde os primeiros dias, a jovem mãe constatou que uma era doce e fazia com as mãos bonitos movimentos de dançarina javanesa, ao passo que a outra, vivaz, franzia as sobrancelhas e se sobressaltava ao menor ruído. Decidiu chamar a dançarina de algo como "Julie a Doce" e a batalhadora de "Giuletta a Vivaz". Em seguida explicou ao marido que "Julie a Doce" precisaria de mais afeto do que "Giuletta a Vivaz", que lhe parecia vigorosa. O marido aceitou sua predição, que se realizou sob a forma de interações diferentes com cada bebê. Julie a Doce foi rodeada de atenções porque sua doçura significava para a mãe que ela precisava de afeto, e Giuletta a Vivaz foi mantida a distância. Um dia, o marido declarou à mulher que tinha a impressão de que ela não se ocupava da mesma maneira das duas gêmeas. A sra. D. explicou que essa diferença era necessária, porque Julie a Doce era mais vulnerável. E acrescentou: "Eu me

....

5. Fonagy, P., "The interpersonal interpretative mechanism: The confluence of genetics and attachment theory in development", *in* V. Green (org.), *Emotional Development in Psychoanalysis. Attachment Theory and Neuroscience*, Nova York, Brunner-Routledge, 2003, pp. 107-26.

vejo, pequena. Então a pego automaticamente no colo... Giuletta é mais forte, precisa menos de mim... Ela me dá mais espaço... Quando ela chora, eu simplesmente lhe digo: 'Durma.'" Cada uma das crianças, nascida da mesma mãe, no mesmo momento, num mesmo contexto parental, desenvolvia-se portanto em mundos sensoriais diferentes. Julie a Doce vivia num ambiente em que os resgates eram rápidos e os envoltórios calorosos, ao passo que Giuletta se desenvolvia em redondezas em que o suporte afetivo chegava tardiamente e em que o envoltório do corpo materno se mantinha a distância.

Os traços temperamentais diferentes de cada menininha evocavam uma lembrança materna diferente. A expressão das emoções da mãe compunha um envoltório sensorial adaptado a cada criança: pegar no colo, sorrir, falar, tranquilizar com prazer embrulhavam Julie a Doce num tecido caloroso. Cada gesto encontrava sua razão de ser na história materna: "Quando eu era pequena tinha sempre a impressão de não ser amada... pensava que quando fosse grande saberia como amar um filho... Giuletta precisa menos de mim, satisfaz menos minha necessidade de amar...".

A história da mãe atribui um significado particular aos traços de temperamento. Pode-se dizer que o envoltório de significantes que dirige os desenvolvimentos biológicos da criança encontra suas razões de ser na história da mãe. Assim foi que um traço de temperamento, geneticamente determinado, entrou em ressonância com a história materna.

Daqui a vinte anos, Julie a Doce afirmará: "A gente tinha uma mãe que nos sufocava de tanto amor." Então, Giuletta a Vivaz ficará indignada ao lembrar: "Não adiantava chorar, ela nos deixava sozinhas no nosso canto."

Um traço comportamental também pode entrar em ressonância com uma narrativa cultural: uma pequena população de gêmeos monozigóticos separados desde o nascimento e criados em meios diferentes foi acompanhada mediante testes comportamentais e psicológicos.

Essas crianças que compartilham o mesmo equipamento genético não compartilhava de modo algum o mesmo meio de desenvolvimento. Apesar disso, em cada avaliação, vê-se aparecerem traços comuns cada vez mais fortes[6]. Surpreende até mesmo observar estilos de apego idênticos, embora os gêmeos tenham tido pais adotivos diferentes, meios diferentes e nunca tenham se encontrado. Os monozigóticos criados separadamente adquirem um modo de amar, um apego de mesmo estilo, mais frequentemente que os gêmeos dizigóticos, também eles criados separadamente[7].

Se a coleta de dados fosse interrompida agora, poderíamos nos convencer de que os genes nos governam. No entanto, ao associar clínicos e geneticistas, chegamos a resultados mais nuançados. Basta fazer o trabalho inverso e estudar crianças de famílias diferentes criadas por uma "mãe" comum. Foi o que aconteceu em Israel durante duas gerações em que crianças de várias famílias foram criadas nos *kibutzim* por mães profissionais, as "Metapelets", que moravam com elas. As pesquisas de comportamentos de apego, os questionários e entrevistas permitem afirmar que essas crianças adquiriram um estilo de apego comparável. Em algumas famílias profissionais, verificaram-se muitos apegos distantes, em outras foi o apego seguro que melhor se teceu e, finalmente, em outras o apego ambivalente foi majoritário. A aquisição desses diferentes apegos depende bem mais dos estilos interativos[8] que da genética. O determinante biológico não impediu o meio de deixar sua marca e de orientar a aquisição de um estilo afetivo.

....

6. Lykken, D. T.; McGue, M.; Tellegen, A.; Bouchard, T. J., "Emergenesis: genetic traits that may not run in families", *American Psychologist*, 47, 1992, pp. 1565-77.

7. Finkel, D.; Wille, D.; Matheny, A. P., "Preliminary results from a twin study of infant-caregiver attachment", *in Behaviour Genetics*, vol. 48, nº 1, janeiro 1998.

8. Sagi, A.; Van Ijzendoorn, M. H.; Aviezer, O.; Donnell, F.; Koren-Karien, E. N.; Harfel, Y., "Attachments in multiple-caregiver and multiple infant environment: the case of the Israeli Kibbutzim", monografia da sociedade para a *Research in Child Development*, 60, nº 2-3, serial nº 244, pp. 71-91.

Para explicar essa aparente oposição, pode-se dizer que a genética foi subestimada em nome de uma luta ideológica. Era considerado ético não rebaixar o homem a seus determinantes materiais. E subestimou-se na mesma medida a importância do meio, que deixa a sua marca na matéria cerebral e molda seu modo de perceber o mundo.

A imensa variabilidade começa no nível genético. O fato de todos os seres humanos possuírem um olho de cada lado do nariz é indubitavelmente determinado pela genética. Mas a cor dos olhos, muito variável, também é geneticamente determinada[9]. A hereditariedade é uma herança que se exprime de maneira mutável. Desde o princípio da aventura humana, a cada estágio de nosso desenvolvimento, devemos realizar transações com nosso entorno, cada vez menos biológico e cada vez mais afetivo e cultural.

O gene do super-homem

O determinante genético da vulnerabilidade foi detectado pela primeira vez em seres humanos[10] e no ano seguinte em macacos[11]. Trata-se de uma região localizada no cromossomo 17, onde alelos possibilitam a associação de dois genes que têm localizações idênticas em cada cromossomo. Os alelos moldam as proteínas celulares que os envolvem, desdobrando-as ou espiralando-as, o que lhes dá uma forma particular. Disso decorre que certos genes, ao moldarem proteínas longas, possibilitam

....

9. Westen, D., *Psychologie. Pensée, cerveau et culture*, Bruxelas, De Boeck Université, 2000, p. 149.

10. Lesch, L. P.; Bengel, D.; Heils, A.; Sabol, S. Z.; Greenberg, B. D.; Petri, S.; Benjamin, J.; Miller, C. R.; Hamer, D. H.; Murphy, D. L.; "Association of anxiety-related traits with a polymorphism in the serotonin transporter gene regulatory regions", *Science*, 274, 1996, pp. 1527-31.

11. Lesch, L. P.; Meyer, J.; Glatz, K.; Flugge, G.; Hinney, A.; Hebebrand, I.; Klauck, S. M.; Poutska, F.; Bengel, D.; Mossner, R.; Riederer, P.; Heils, A., "The 5-HT transporter gene-linked polymorphic region (5-HTTLPR) in evolutionary perspective: alternative biallelic variation in rhesus monkeys", *Journal of Neural Transmission*, 104, 1997, pp. 1259-66.

que elas transportem muita serotonina (5-HTT Long), ao passo que outras se tornarão transportadores de pouca serotonina (5-HTT Short). Sabe-se que a serotonina desempenha um papel fundamental no humor alegre ou depressivo. Em quantidade suficiente, ela favorece a transmissão sináptica e estimula os desejos, a motricidade, o tratamento das funções cognitivas e a vivacidade das aprendizagens. Ela pode modificar o apetite, regularizar as fases do sono lento e aumentar as secreções neuroendócrinas. Quando um organismo transporta e utiliza a serotonina, as pessoas dizem que "se sentem bem". Essa é a função utilizada pelos medicamentos "antidepressivos". De fato, os humanos e os macacos que transportam pouca serotonina são mais lentos e mais pacíficos nos jogos e nas competições hierárquicas. Em caso de evento estressante, reagem de maneira mais emocional e desorganizam suas interações durante um tempo mais longo do que os que transportam muita serotonina. "Um nada os machuca", poder-se-ia dizer.

Se interrompermos nosso raciocínio nesse estágio do conhecimento, vamos achar que os geneticistas acabaram de descobrir o determinismo da depressão: aqueles que transportam pouca serotonina teriam uma aptidão genética para fazer depressões por um nada. Contudo, se formos buscar outras informações em outras disciplinas, deduziremos que os geneticistas acabaram de lançar luz sobre um determinante, entre mil outros.

Comentando as imagens funcionais cerebrais de uma pequena população, o neuroradiologista esclareceu que certos sujeitos "acendiam" a extremidade anterior do sistema límbico (cérebro das emoções) com mais facilidade que outros[12]. Os geneticistas esclareceram então que aqueles que manifestavam uma hiperatividade do complexo amigdaloide cerebelar eram justamente aqueles que portavam pouca serotonina, aqueles que ficam alertas por um nada[13].

....

12. As poucas referências neurológicas indicadas por asterisco (*) estão ilustradas por esquemas nas pp. 185-6.

13. Haïri, *Arch. Gen. Psychiatry*, citado por Gina Devau, Inserm U-710, seminário "Biologia do apego", Ardix, Paris, 14 de dezembro de 2005.

Com essas neuroimagens corremos o risco de acreditar que o gene que governa o transporte da serotonina comanda também o funcionamento do cérebro das emoções. Mas, se associarmos um neuropediatra a essa investigação, ele nos explicará que a criação de contatos dendríticos entre as células nervosas cria circuitos neuronais curtos*. Essa "circuitaria" que se dá a uma velocidade louca[14] (200 mil neurônios por hora nos primeiros anos de vida) é uma resposta do sistema nervoso que se adapta aos estímulos do meio. O que equivale a dizer que as informações sensoriais que rodeiam a criança vão moldar uma parte de seu cérebro estabelecendo novos circuitos.

Quando a mãe morre, adoece ou deprime e sua família ou sua cultura não organizam algum substituto materno, o meio sensorial da criança se empobrece muito. A criação das circuitarias cerebrais curtas torna-se mais lenta. O empobrecimento do meio, por causa do sofrimento materno ou da falha cultural, explica uma parte das atrofias frontolímbicas*. Essas crianças que se encontram em situação de carência afetiva são privadas de estímulos biológicos iniciais.

Outra causa de atrofia localizada do lobo pré-frontal pode ser atribuída à modificação das sustâncias em que o cérebro está mergulhado. Trinta anos atrás, não se podia falar de alcoolismo fetal porque, segundo a ideologia da época, a criança chegava ao mundo em estado de cera virgem. O mero fato de atribuir ao alcoolismo materno as discretas más-formações do crânio e do rosto da criança era considerado um pensamento político segundo o qual o recém-nascido entraria na vida com uma inferioridade biológica.

Hoje, pede-se às mães que não bebam álcool, não fumem e não consumam cocaína para não induzir uma má-formação do desenvolvimento dos circuitos curtos dos neurônios cerebrais e do maciço craniofacial. Quando essas substâncias perturbam o

14. Évrard, P., "Stimulations et développement du système nerveux", *in* J. Cohen-Solal, B. Golse, *Au début de la vie psychique. Le développement du petit enfant*, Paris, Odile Jacob, 1999, p. 80.

crescimento e a circuitaria dos neurônios, a criança adquire uma sensibilidade estranha ao mundo que a rodeia. Seu cérebro modificado processa mal as informações, controla mal as emoções e responde a elas por comportamentos mal adaptados que tornam difíceis os rituais educativos.

Uma terceira causa das atrofias localizadas provém das moléculas do estresse que a criança secreta sob o efeito das condições ambientais e que fazem o corpo celular dos neurônios explodir.

Cérebro, massa de modelar e cultura

Essas noções recentes de neurobiologia demonstram que a ideologia, a história das ideias e as crenças pitorescas não são alheias ao modo como construímos nossos conhecimentos. O crescimento dos neurônios (no sentido vegetal do termo), a conexão dos corpos celulares, a arborização dos dendritos, a modelagem das sinapses*, todo esse cabeamento elétrico e químico é resultado do encontro entre um ponto de partida genético que fornece o cérebro e um banho sensorial organizado pelos comportamentos parentais. Ora, esses gestos e esses rituais que envolvem o bebê e estruturam uma parte de seu cérebro encontram sua razão de ser na história parental e nas regras culturais!

Acontece que essa ideia já foi claramente expressa por Freud ao tratar da facilitação: "A excitação, [ao passar] de um neurônio para outro, precisa vencer certa resistência... [consequentemente] a excitação escolherá o caminho facilitado de preferência ao que não tem essa facilitação."[15]

O estudo da migração dos neurônios mostra hoje claramente que os "axônios pioneiros" enviam arborizações de dendritos circuitadas pelas interações cotidianas. Os axônios saem

....

15. Laplanche, J.; Pontalis, J.-B., *Vocabulaire de la psychanalyse*, Paris, PUF, 1967, p. 172.

em busca de outros neurônios com os quais estabelecem caminhos facilitados, confirmando assim a intuição freudiana.

A proliferação neuronal se torna tão espessa que o córtex se plica feito papel amassado numa bola para caber na caixa craniana. A facilitação dos neurônios permanece prodigiosa nos primeiros anos, quando o peso do cérebro se multiplica por quatro em um ano. Depois a velocidade de seu crescimento diminui até sofrer uma reativação por ocasião da puberdade, quando se produz uma "poda sináptica e dendrítica"[16] sob o duplo efeito da irrupção dos hormônios e dos encontros amorosos. Nessa idade, o que molda o cérebro já não é a mãe, é a aventura sexual. Essa poda fornece a prova de uma circuitaria cerebral, que cria um modo de reação privilegiado quando "a excitação escolhe o caminho facilitado de preferência ao que não tem essa facilitação", como dizia Freud.

Portanto, é de fato o meio que modela a massa cerebral e dá forma ao que, sem ele, não passaria de um ajuntamento informe, não circuitado. É sob o efeito das interações precoces que o cérebro adquire um modo de ser sensível ao mundo e de reagir a ele. Os neurônios do hipocampo* são os mais reativos a esse processo, que cumpre uma função importante nos circuitos da memória e na aquisição das aptidões emocionais. Esses dados neurológicos tornam possível entender por que uma carência afetiva precoce que atrofia essa zona cerebral acarreta um distúrbio das condutas e das emoções.

A integração dos dados genéticos, neurológicos, etológicos e psicológicos permite indagar agora se alguém que transporta muita serotonina reage à carência afetiva da mesma maneira que alguém que transporta pouca.

Como sabemos que a circuitaria de certas redes de neurônios depende do banho sensorial ambiental, podemos levantar a hipótese de que alguém que transporta muita serotonina, esse neurotransmissor que possui um efeito antidepressivo, talvez

....

16. Bee, H.; Boyd, D., *Psychologie du développement. Les âges de la vie*, Bruxelas, De Boeck, 2003, p. 299.

fique menos alterado por uma carência do meio. Será possível falar nesse caso de um gene da resiliência?[17] E, inversamente, alguém que transporta pouca serotonina, que se machuca facilmente, poderia ser reforçado por estimulações precoces que estabilizem seus circuitos frontolímbicos, como já é feito com os prematuros?[18] Nesse caso, estaríamos autorizados a falar de uma reserva externa de resiliência, sem esquecer que, em ambos os casos, a neuromodulação é uma variante da plasticidade cerebral dos primeiros anos[19]. De acordo com esse conceito, confirmado pelas imagens cerebrais computadorizadas e pelos testes neurológicos, a experiência adquirida nas rotinas da existência otimiza os circuitos formados na primeira infância e pode até melhorá-los com a idade.

Por meio da análise das etapas químicas intermediárias pode-se afirmar que é impossível um comportamento ser codificado por um gene. Entre um gene e um comportamento, mil determinantes de natureza variada convergem para reforçar ou fragilizar a etapa seguinte do desenvolvimento. Esse raciocínio, que leva em conta uma enxurrada de causas, explica por que é possível uma anomalia geneticamente codificada não se exprimir se outros genes introduzirem uma secreção de substâncias protetoras. Estamos muito longe da fatalidade genética contada por aqueles a quem satisfaz uma visão do homem submetido à ditadura biológica. A resiliência existe já no nível molecular, como possibilidade de desenvolvimento sadio apesar de uma anomalia geneticamente codificada. Assim é dada a partida da corrida pela vida.

....

17. Caspi, A.; Sugden, K.; Moffit, T. E.; Taylor, A.; Graig, W.; Harrington, H.; McClay, J.; Martin, J.; Braithwaite, J.; Poulton, R., "Influence of life stress or depression: Moderation by polymorphism in the 5-HTT gene", *Science*, 31, 2003, pp. 386-9.

18. Ramey, C., "Enhancing the outcomes of low-birth-weight, premature infants. A multisite, randomized trial", *JAMA*, 263, 1990, pp. 3035-42.

19. Évrard, P.; Marret, S.; Gressens, P., "Genetic and environmental determinants of neocortical development: clinical applications", *in* A. M. Galaburda, Y. Christen, *Normal and Abnornal Development of the Cortex*, Berlim, Ipsen Foundation, 1997, pp. 165-78.

Biologia do afeto nos macacos e nos humanos

Durante a Segunda Guerra Mundial, os psicanalistas Anna Freud e René Spitz descreveram a interrupção do desenvolvimento e a morte de crianças sadias, acidentalmente isoladas depois dos bombardeios de Londres[20]. Em 1950, John Bowlby mostrou que a carência afetiva podia explicar algumas alterações biológicas[21]. Nos anos 1960, o casal Harlow demonstrou experimentalmente que o mero fato de privar um pequeno macaco rhesus da presença de outros macacos alterava todos os seus desenvolvimentos, mas que era possível haver uma retomada da evolução pondo-o simplesmente em presença de outros macaquinhos alterados[22].

Essas experiências de privações afetivas resilidas mediante uma "psicoterapia" corpo-a-corpo surpreendeu muito os pesquisadores. Nem todas as espécies manifestam a mesma vulnerabilidade ao isolamento e, numa mesma espécie, nem todos os indivíduos são vulneráveis à perda afetiva. Certos macacos, embora muito alterados, param de se balançar e de se autoagredir e rapidamente retomam suas brincadeiras e explorações tão logo a vida os coloca de novo na presença de um congênere tranquilizador. Outros macacos, ao contrário, não conseguem reengatar um processo de maturação. A resposta a essa constatação clínica foi dada recentemente: os rhesus que mais se beneficiam de uma presença tranquilizadora e dinamizadora são aqueles que transportam muita serotonina (aqueles que, geneticamente, possuem um alelo 5-HTT longo)[23].

....

20. Spitz, R., "Anaclitic depression", *Psychoanalytic Study of the Child*, II, Nova York, International University Press, 1946.

21. Bowlby, J., "Maternal care and mental health", *WHO*, Monografia nº 2, Genebra, World Health Organization (OMS), 1951.

22. Harlow, H. F., "Age-mate or affectional system", *in* D. Lehrman, R. Hinde, E. Shaw (eds.), *Advances in the Study of Behavior*, Nova York, Academic Press, vol. 2, 1969, pp. 334-83.

23. Suomi, S. J., "Attachment in Rhesus monkey", *in* J. Cassidy, P. Shaver, *Handbook of Attachment*, Nova York-Londres, The Guilford Press, 1999, pp. 181-97.

Os que possuem 5-HTT curtos, que transportam pouca serotonina, têm dificuldade para se recuperar. Quando esses macacos se desenvolvem num grupo estável em contato com uma mãe tranquilizadora, constata-se um estilo particular de socialização: qualquer separação os deixa muito assustados, reagem de maneira muito emocional, soltam gritos superagudos, sofrem manifestações somáticas, taquicardia, anorexia, diarreia e corridas desordenadas. Nas suas interações cotidianas, o medo os leva a agredir seus congêneres. Nas brincadeiras infantis que acabam mal ou nos conflitos hierárquicos em que são dominados, levam muito tempo para se acalmar. Todo contato com a mãe revela um apego difícil, intenso e conflituoso.

Os que transportam muita serotonina, ao contrário, brincam e exploram sem dificuldade sempre que a mãe está presente. E, na sua ausência, após um breve momento de desorganização, saem em busca de outra fêmea (uma "tia", dizem os primatólogos), candidata ao papel de mãe adotiva, junto a quem vão se tranquilizar. Nas brincadeiras rudes ou nas brigas perdidas, eles logo esquecem sua pequena tristeza.

O transporte desigual de serotonina poderia explicar a diversidade das reações comportamentais e afetivas constatadas em nossas crianças abandonadas? O pensamento ditatorial absurdo de Ceausescu provocou o abandono de muitas crianças. Aquelas que foram acolhidas em famílias protetoras "atingiram um nível intelectual normal e se integraram socialmente bem"[24]. Contudo, nas quarenta e tantas instituições em que as outras foram isoladas, quase todas sofriam de graves alterações biológicas, emocionais e comportamentais. A surpresa está no fato de que, numa mesma situação de enorme privação afetiva, 10 a 20% das crianças continuavam a exprimir um apego sereno (contra 66% na população em geral). As crianças alteradas aco-

....

24. Ionescu, S.; Jourdan-Ionescu, C., "La résilience des enfants roumains abandonnés, institutionnalisés et infectés par le virus du sida", *in* M. Manciaux (org.), *La Résilience. Résister et se construire,* Genebra, Médecine et Hygiène, 2001, p. 96.

lhidas em famílias retomaram no mais das vezes um desenvolvimento resiliente, às vezes excelente, mas catastrófico em alguns casos. Será que o transporte da serotonina, antidepressivo natural, é suficiente para explicar essas reações e essas evoluções por vezes opostas?

Sociologia da vulnerabilidade

Essa explicação nos faria cair de novo nas causalidades exclusivas que estamos criticando. Buscando outras explicações junto a outros médicos, não foi difícil descobrir que algumas crianças conseguiam se tranquilizar graças a atividades rotineiras. Outras, ao contrário, procuravam situações intensas em que se esfalfavam. Essas reações adaptativas opostas implicam estratégias de vida diferentes. Em caso de perda afetiva, os que transportam pouca serotonina reagem dolorosamente. Sua extrema sensibilidade à perda os leva a procurar um modo de viver sossegado em que conseguem se equilibrar tecendo laços afetivos estáveis e tranquilizadores. O menor acontecimento é um grande estimulante para eles. Num contexto sem confusão, organizam uma vida tranquila. Os adultos os consideram agradáveis de amar e fáceis de escolarizar. Na mesma situação, os grandes secretores de antidepressivo natural morrem de tédio. Buscam situações extremas a fim de que a intensidade emocional assim provocada lhes proporcione a sensação de existir[25].

A aptidão para sofrer com a perda leva aquele que transporta pouca serotonina a equilibrar sua vulnerabilidade mediante uma vida estável e alguns vínculos confiáveis. Aquele que transporta muita serotonina, abusivamente chamado de invulnerável, terá, por sua vez, necessidade de assumir riscos para se sentir existindo. É por isso que às vezes ele desequilibra sua vida e rompe ele mesmo seus vínculos de que não precisa muito.

....

25. Altman, J.,"Neurobiologie de prise de décision", *Alzheimer Actualités*, nº 95, janeiro de 1995.

Muitos vulneráveis conseguem organizar vidas afetivas agradáveis e projetos de vida interessantes. Nossa cultura, que sobreinveste a escola, valoriza esse estilo existencial. E conheço muitos invulneráveis que, de tanto se pôr à prova, se esgotaram ou deterioraram fisicamente. Depois de uma juventude intensa, levam hoje uma vida solitária, sem projeto, sem sentido, sem prazer nem sofrimento.

A palavra "vulnerável", escolhida para designar a descoberta genética do "5-HTT curto", que transporta pouca serotonina, é uma armadilha. A escolha dessa palavra traz uma ideologia implícita[26] de dominação, segundo a qual os seres vivos com menos serotonina estariam fadados à inferioridade, ao passo que os que transportam muita estariam destinados a se tornar líderes.

Será que a palavra adequada para designar essa descoberta genética não seria simplesmente "sensibilidade"? Os que transportam pouca serotonina, sensíveis aos acontecimentos e às perdas afetivas, precisam, para serem felizes, organizar uma vida estável, numa família e numa sociedade em paz. Os que transportam muita, menos emotivos, mais difíceis de estimular e menos feridos pelas perdas, desenvolvem-se por sua vez com felicidade em famílias instáveis e sociedades de pioneiros em que cada dia traz sua carga de acontecimentos e de conflitos a superar.

O desenvolvimento dos macacos é estruturado pelo meio que os governa. Um macaco geneticamente emotivo será orientado para os lugares hierarquicamente dominados. Os homens, por sua vez, moldam o meio que os molda. Uma criança geneticamente sensível poderá se desenvolver adequadamente num meio estável e até mesmo chegar à dominação graças ao poder social que os diplomas e o trabalho rotineiro dão.

....

26. Collins, J.; Glover, R. (orgs.), *Collateral Language*, Nova York, New York University Press, 2002.

Alerta pacífico

Entre os humanos, essas aptidões biológicas podem ser remanejadas pelas estruturas sociais. Uma criança sensível, equilibrada por um meio estável, pode até usar sua "vulnerabilidade" para fazer dela uma força. Algumas crianças amáveis e agradáveis de amar sentem o primeiro dia de escola como uma separação angustiante, quase traumatizante. Seus marcadores biológicos de estresse ficam em alerta, porque o afastamento do meio familiar as jogou num meio desconhecido que as inquieta tanto que desorganiza a secreção de substâncias como o cortisol e as catecolaminas. Para se acalmar, aumentam seus comportamentos autocentrados, evitam o olhar, chupam o dedo, se balançam, se afastam do grupo, esfregam o nariz com um "paninho", perdem o apetite e sofrem distúrbios digestivos. Contudo, à noite, em casa, na hora dos reencontros tranquilizadores com suas figuras de apego e seus objetos familiares, aumentam suas manifestações afetuosas. Os pais encantados, gratificados em seu papel protetor, dizem que esse filho é adorável. Graças a essa volta às fontes afetivas para recuperar forças, a criança vai pouco a pouco aprendendo a tornar a escola um lugar mais seguro, a seduzir o professor que lhe metia medo. Todo o mundo fica contente e a criança se desenvolve bem justamente por ser sensível, talvez até ansiosa. O fato de conseguir se tranquilizar aumenta seus comportamentos de apego e sua regularidade na escola. Ela melhora suas relações sociais e familiares. Seus bons resultados escolares são um benefício secundário de sua angústia. Essa criança sem problemas tirou proveito de sua "vulnerabilidade".

É preciso destacar que a emotividade não é uma insegurança afetiva. Ao contrário até, colocadas em alerta por seu temperamento sensível, essas crianças foram recuperar forças na sua base afetiva parental. Quem sabe se para urdir o primeiro nó do vínculo não seja preciso ter estado ansioso e ter encontrado aquele ou aquela que soube nos tranquilizar? Um alerta pacificado, uma tristeza consolada, ao darem a uma figura de apego um poder tranquilizador, possibilitam recuperar a autoconfiança e sentir o prazer de sair em busca da descoberta do desconhecido. Duplo movimento que explica a ambivalência das relações humanas: preciso ser ansioso para me vincular àquela que me apazigua e me dá assim forças para abandoná-la!

Quando os pais abandonam o filho, privam-no da base de segurança que teria lhe proporcionado o prazer de amar e de aprender. Quando os pais, ao contrário, cercam o filho de tantos cuidados a ponto de encerrá-lo numa prisão afetiva, montam uma situação de empobrecimento sensorial que o enfraquece muito. Toda separação "é vivida então como uma ameaça de perda"[27].

Mas, quando uma criança sensível encontra uma base de segurança afetiva, o inevitável estresse da existência se transforma em força afetiva e sociabilizante. A conjugação de dados genéticos, emocionais e sociais impede falar de um gene da vulnerabilidade, de um gene do líder ou de um gene da resiliência.

Mesmo quando o determinante genético é forte como na esquizofrenia, a organização social pode adquirir o efeito de um fator de proteção... ou de agravamento. Quando se assiste ao surto esquizofrênico de um jovem, as pessoas próximas se espantam: "Era um moço tão bonzinho, tão bom aluno!" A família desesperada tenta salvar a imagem do jovem mostrando um boletim escolar excepcional, sobretudo nas matérias que exigem a inteligência abstrata, como matemática ou filosofia. Mas os irmãos mostram que ele tinha dificuldades para estabelecer um vínculo de cumplicidade afetiva e os colegas de classe relatam sua estranheza de bom aluno que não sabia nem brincar nem aprontar.

Pode-se interpretar essa constatação clínica dizendo que o refúgio nos livros, embora melhorasse os resultados escolares, dessocializou o jovem e provocou seu surto psicótico. Mas também se pode dizer que a socialização dolorosa dessa criança, fu-

....

27. Bouteyre, É., *Réussite et résilience scolaires chez l'enfant de migrants*, Paris, Dunod, 2004, p. 27.

turo esquizofrênico, foi evitada graças ao sobreinvestimento da escola[28]. O simples fato de se refugiar no quarto para estudar possibilitou ao menino evitar as relações sociais que teriam revelado sua vulnerabilidade. É no momento da virada da adolescência, quando o jovem deve abandonar a família para conquistar a autonomia e prosseguir seu desenvolvimento, que a proteção dos livros se torna insuficiente. Sem escola, não teria ele surtado mais cedo? Os livros facilitaram a evitação social? A rotina necessária para o bom desempenho escolar terá mascarado o empobrecimento das interações afetivas?[29] A escola, que nesse caso constitui um fator de proteção contra a esquizofrenia, não pode ser considerada um fator de resiliência, já que não há nem ruptura traumática nem retomada evolutiva. Aŏ contrário até, essa proteção isolante que foi objeto da admiração dos adultos impediu o aprendizado da sociabilidade e dos jogos preparatórios para o encontro sexual[30].

Biologia do apego

Uma biologia do apego deverá portanto falar da conjugação de vários determinantes genéticos (sobretudo não falar de "programa genético"):

– que adotariam formas desenvolvimentais diferentes...

– segundo o envoltório sensorial,

– o qual se compõe das figuras de apego (provedores de cuidados, pessoas significativas, instituições e narrativas culturais).

Os grandes macacos vão servir para ilustrar esse raciocínio.

....

28. Isohanni, I.; Jarvelin, M. R.; Jones, P.; Jokelainen, J., "Can excellent school performance be a precursor of schizophrenia? A 28-year follow-up in the Northern Finland 1966 birth control", *Acta. Psych. Scand.*, 100, 1999, pp. 17-26.

29. Azorin, J.-M., "Le regard de l'expert, interview de Jordi Molto", *Inter Psy*, nº 1, março de 2004.

30. Parnas, J.; Janssen, L.; Sass, L. A.; Handest, P., "Self-experience in the prodromal phases of schizophrenia. A pilot study of first admissions", *Neural Psychiat. Brain Res.*, 6, 1998, pp. 97-106.

Quando filhotes desses macacos são isolados desde o nascimento, pode-se predizer o aparecimento cronológico dos comportamentos autocentrados (protestos, desespero, indiferença). É possível fotografar no tomógrafo a atrofia cerebral frontolímbica localizada. É possível medir a queda dos hormônios de crescimento e dos hormônios sexuais que cumprem um papel fundamental no aumento da altura e do peso e na diferenciação das morfologias, provando uma vez mais que a simples presença de um companheiro constitui um estimulante biológico. Esses filhotes de macaco com desenvolvimento alterado foram recolocados num grupo de companheiros da mesma idade, onde melhoraram. Depois foram repostos nas condições naturais de um grande grupo onde conviveram com outros filhotes de macaco regularmente criados em contato com a mãe[31].

Tão logo são reagrupados, os macaquinhos alterados pela privação vão correndo se enlaçar para que cada um sirva de base de segurança para o outro. Pode-se então predizer e medir a diminuição rápida das alterações biológicas, neurológicas e comportamentais: as secreções biológicas atingem a taxa normal para a idade, o cérebro volta a se expandir e as atividades autocentradas desaparecem. Pode-se falar de resiliência neuronal e comportamental porque, depois da privação afetiva, vemos reaparecer outro desenvolvimento. No entanto, ao comparar as duas populações, constata-se que aqueles que foram isolados precocemente permanecem muito apegados, o tempo todo agarrados um ao outro. Por contraste, os filhotes criados pela mãe brincam e exploram muito mais. Os macacos carentes precoces brincam com menos frequência, por menos tempo e suas brincadeiras costumam terminar em briga. O observador ingênuo que não sabe por que esses filhotes são hiperapegados considera-os mais bonzinhos que os macacos criados normalmente. Somente o primatólogo pensa que o hiperapego do filhote é a

....

31. Harlow, H. F., "Age-mate or peer affectional system", *in* D. S. Lehrman, R. A. Hinde, E. Shaw (orgs.), *Advances in the Study of Behaviour*, Nova York, New York Academic Press, vol. 2, 1969, pp. 333-83.

prova comportamental de que a base de segurança funcionou mal. Sabe que o ponto de partida afetivo é falho e que a base de segurança fornecida pelos companheiros certamente possibilitou uma retomada de desenvolvimento, mas é menos eficaz que a de uma verdadeira mãe alegre.

A timidez poderia ser um indício de transação difícil. Um ser vivo pode adquirir medo do outro por ser geneticamente emocionável ou por ter sofrido uma carência afetiva precoce. O hiperapego que tranquiliza e repara o filhote carente aprisiona-o ao mesmo tempo. O filhote se sente melhor, mas esse modo de se apaziguar impede-o de aprender a se socializar brincando. A tranqüilização proporcionada pelos companheiros provocou uma resiliência biológica, já que os hormônios e os neurônios voltaram a funcionar. A resiliência foi comportamental também, já que as atividades autocentradas desapareceram. Mas não se pode falar de resiliência emocional[32], pois o pequeno carente conserva na memória uma extrema sensibilidade ao outro. O familiar o tranquiliza a tal ponto que o aprisiona, ao passo que o desconhecido o angustia como se estivesse em perigo. O filhote tornou-se um jogador incompleto, pouco conquistador do mundo, dependendo daqueles que o tranquilizam e agredindo por medo aqueles que o agridem... quando querem brincar!

O que determina esse processo é uma confluência de causas. Cada espécie vive num mundo que lhe é próprio, cada indivíduo tem uma sensibilidade genética e adquirida que lhe dá um gosto do mundo doce ou amargo, divertido ou irritante, pacífico ou febril. O que faz com que um animal ferido tenha uma evolução reparadora ou agravante são as circunstâncias. No homem, a modificação do evento por meio de imagens e palavras agrega a possibilidade de fazer um trabalho de liberação... ou de alienação!

....

32. Suomi, S. J., "Influence of Bowlby's attachment theory on research on nonhuman primate behavioral development", *in* S. Goldberg, R. Muir, J. Kerr (orgs.), *Attachment Theory: Socio-Developmental and Clinical Perspectives*, Hillsdale (N. J.), Analytic Press, 1995, pp. 185-201.

O problema das crianças sem problemas

Tudo isso quer dizer que um determinante genético, ainda que poderoso, não é um presságio obrigatório de patologia biológica ou psicológica[33], porque a articulação dos genes entre si, depois com o meio ecológico e depois com as circunstâncias da vida adota formas variáveis de resiliência ou de agravamento, conforme as conjugações. Isso explica por que um processo, adaptativo num momento, se torna desadaptativo em outro.

O devir das crianças bem-comportadas nem sempre prediz uma felicidade eterna porque, com certeza, intervirão em sua vida reviravoltas que as porão à prova. De hábito, os pesquisadores ficam fascinados com a patologia, motivo pelo qual especialistas portugueses tiveram recentemente uma ideia rara: acompanharam coortes de crianças que estavam bem! Durante doze anos, indagaram-se qual era o problema das crianças sem problemas[34]. Como era de esperar, a resposta foi que as crianças bem-comportadas se tornaram adultos bem socializados, sem graves distúrbios de personalidade. Mas grande foi sua surpresa quando constataram que as crianças-modelo (mais as meninas que os meninos) tinham se tornado adultos ansiosos e mais frequentemente deprimidos que as crianças normalmente difíceis, aquelas que provocavam pequenos conflitos sem manifestar distúrbios de personalidade. Antes da adolescência, é mais comum os meninos serem hospitalizados, pois assumem mais riscos. São mais atendidos em psicologia, pois são mais difíceis. Depois da adolescência, porém, as tendências se invertem: as mulheres consomem mais cuidados médicos e pedem mais ajuda psicológica. Por que as meninas se tornam mais frequen-

....

33. Suomi, S. J., "Early stress and adult emotional reactivity in rhesus monkeys", *in* D. Barker (org.), *The Childhood Environment and Adult Disease*, Chichester, Inglaterra, Wiley, 1991, pp. 171-88.

34. Fonseca, A. C.; Damião, M. H.; Rebelo, J. A.; Oliviera, S.; Pinto, J. M., "Que deviennent les enfants normaux?", Universidade de Coimbra, Congrès de psycho-pathologie de l'enfant et de l'adolescent, Paris, 29 de outubro de 2004.

temente crianças-modelo? Será que os cromossomos XX femininos induzem um desenvolvimento mais fácil, como afirmam alguns geneticistas? Será que as meninas se submetem mais facilmente às normas sociais enquanto os meninos hesitam menos em se rebelar? São elas mais travadas que os meninos, como dizem as feministas? Será que se adaptam mais facilmente à escola porque são mais medrosas, mais submissas, mais inteligentes ou mais determinadas a adquirir a autonomia que hoje os diplomas dão? Terá a criança sobreinvestido a escola à custa de seu prazer de viver? E será que essa amputação a levou para o caminho da depressão?

Qualquer que seja a interpretação desses dados estatísticos, o custo do bom comportamento é alto: os pequenos transgressores (30% de meninas, 60% de meninos)[35] demonstram uma autoafirmação que torna essas crianças mais difíceis de criar, mas que fará delas adultos autônomos.

Um raciocínio transacional ajuda a entender por que uma mesma causa provoca uma explosão num e uma indiferença no outro. O fenômeno de ressonância (uma vibração é amplificada quando combina com a frequência do meio que a recebe) ajuda a entender por que um acontecimento provoca uma catástrofe num contexto e nenhuma reação num outro momento.

....

35. *Ibid.*

Capítulo II
Fórmula química da felicidade

Felicidade com nuvens

"A morte de Fabrice foi para mim uma maravilhosa história de amor. Ele tinha catorze anos, eu ia visitá-lo todos os dias, ele sabia que ia morrer, ficava esperando minha visita, bastava eu chegar para provocar nele um maravilhoso movimento amoroso. Conversávamos ternamente, eu experimentava fisicamente o afeto que ele sentia e ficava comovida... Vivi uma dor tão intensa e uma felicidade tão extrema que depois da morte dele parei de falar com as pessoas normais. Elas não teriam conseguido entender. Então, entrei na 'Osiris', uma associação onde pude encontrar pais que, como eu, tinham perdido um filho."[1]

Os pais que falam assim são sólidos e equilibrados, mas a intensidade de sua infelicidade, entremeada de ataques de felicidade, coloca um problema misterioso que a excessiva clareza de nossos conceitos impede de resolver. A noção de felicidade é uma invenção recente, é uma invenção do Diabo (Flaubert) que apaga o desespero (Renard), provoca nossa infelicidade quando não conseguimos alcançá-la (Fontenelle), cujas receitas devem ser buscadas na sociedade (Saint-Just) ou na química

....

1. Palavras recolhidas e citadas o mais literalmente possível.

dos filtros de amor da Idade Média ou dos laboratórios farmacêuticos dos tempos modernos.

A felicidade nunca é pura. Por que, com tanta frequência, um acesso de felicidade provoca a angústia de perdê-la? O "tomara que dure", o "aproveitemos", o "cruzemos os dedos" dá uma forma verbal ao sentimento difuso de que não existe felicidade sem nuvem.

O sofrimento insuportável sempre esteve na moda e cada cultura lhe deu uma forma diferente. Se não acreditam em mim, basta irem ao Louvre e ali verão como os tormentos se integram à aventura social quando são estetizados. Cristo na cruz sangra sobre os espinhos, e *A balsa da Medusa* representa os homens agonizantes que continuam esperançosos. Basta irem ao Grand Palais e ali verão como a melancolia que tortura os seres humanos é tratada pela beleza e como o homem culpado busca se redimir mediante uma bondade mórbida[2].

A ideia de felicidade surgiu muito tardiamente porque, durante milênios, foi preciso admitir que os lugares da felicidade não se encontravam na terra. Bastava viver nela para constatar que cada dia trazia sua ração de sofrimento e de más novas. O pensamento da felicidade se tornou terrestre quando a Revolução fez dela um programa político. Até o século XVII, somente os aristocratas e alguns grandes burgueses, ou seja, 2% da população, tinham a possibilidade de esperar a felicidade: "[...] Parece-me muito necessário que quem queira entrar no grande comércio do mundo tenha nascido nobre [...] não que eu queira banir aqueles a quem a natureza negou a felicidade. [...][3]" Durante séculos, uma casa com um jardim fechado foi o símbolo da felicidade privada, escondida, protegida da violência social que surgia tão logo se abria a porta.

Quando, em 1789, Saint-Just politizou esse sonho evocando "o direito à felicidade", quando a burguesia se desen-

....

2. Pewzner, E., *L'Homme coupable*, Toulouse, Privat, 1992.

3. Castiglione, citado *in* J. Revel, *Les Usages de la civilité. Histoire de la vie privée*, Paris, Seuil, t. III, 1986, p. 199.

volveu graças ao comércio e à indústria, foi o apartamento familiar que se tornou o lugar da felicidade possível. No mundo externo, passava-se frio, fome, e as relações humanas eram violentas. Nesse contexto social, o reduto familiar tinha o efeito de um porto de afeto e de repouso. A proteção paterna e a dedicação materna desenhavam uma imagem de felicidade que ainda está aderida ao nosso pensamento. Porém, nas sociedades em que a rua se transformou num lugar mais seguro e mais alegre, é a moradia familiar que aparece como um lugar de repressão, de amargura e de sufocamento afetivo. As mesmas paredes, as mesmas estruturas familiares evoluíram em algumas gerações e passaram da felicidade para a infelicidade, porque o contexto social melhorou. Essa inversão ressaltou a proximidade entre dois sentimentos tidos como opostos. O sonho de felicidade em que nos refugiamos no momento da infelicidade é regularmente seguido de um sentimento de perda. Nem bem a ideia de felicidade tinha nascido no século XVIII e o tremor de terra de Lisboa em 1755 e o imenso tsunami que ele provocou entre Portugal e a África ocidental chegando até o litoral do Brasil, matando cem mil pessoas em poucos minutos e destruindo uma cidade construída como uma obra de arte, revelou a fragilidade da felicidade[4]. Hoje, nosso "tremor de terra de Lisboa" se chama "Auschwitz", "Hiroshima" ou "desemprego". Essas palavras significam que a infelicidade está no ar e que um nada pode nos levar a ela. A percepção do risco não é absolutamente uma avaliação objetiva do perigo, mas antes a consequência de uma projeção de sentido e de valores sobre certos acontecimentos[5]. Hiroshima, que foi uma explosão de alegria no Ocidente no dia 6 de agosto de 1945 quando significou "fim da guerra" com "apenas" cem mil vítimas, em vez dos quatro milhões de mortos previstos, dá hoje a impressão de um crime tecnológico e político inútil.

....

4. Fonseca, J. D., *1755. O terramoto de Lisboa*, Lisboa, Argumentum, 2005.

5. Le Breton, D., *La Sociologie du risque*, Paris, PUF, "Que sais-je?", 1995, p. 31.

Não sabemos que sabemos

Nossas categorias excessivamente claras e nossas palavras abusivas nos fazem crer que a felicidade se opõe à infelicidade e luta contra ela. Tudo indica que essa formulação não designa um segmento coerente de mundo. É em outro lugar que devemos buscar a explicação dessa grande proximidade entre dois sentimentos diferentes que nos governam... como um par de opostos.

Acontece que as descobertas da neurologia permitem dizer que nossa organização cerebral desencadeia nossas emoções e participa de nosso saber sobre o mundo. Essa frase não provoca medo em um neurologista porque ele constata facilmente que uma lesão da parte posterior do cérebro direito não impede de perceber as informações provenientes do espaço esquerdo, embora já não lhe permita ter delas uma representação consciente. O doente evita os obstáculos e afirma que eles não existem; barbeia a metade direita do rosto dizendo ter-se barbeado totalmente; come a carne situada à direita de seu prato e protesta por não lhe terem dado as batatas fritas que qualquer um vê do lado esquerdo de sua mesa[6]. Também as emoções participam da constituição desse saber. Ao colorir de alegria ou de tristeza o fenômeno que percebe, o paciente integra em sua memória um fato que, conforme a localização da lesão no cérebro, será associado a um sentimento de felicidade ou de infelicidade.

A primeira vez que um neurologista expôs esse tipo de raciocínio[7], provocou incredulidade bem como ironia. Num contexto cultural em que se dizia que a felicidade ou a infelicidade só podiam ser explicadas por causas reais exteriores ao sujeito, os grandes fundadores da neurologia provocaram estupefação

....

6. Botez, M. I. (org.), *Neuropsychologie clinique et neurologie du comportement. La négligence visuelle de l'hémi-espace*, Paris-Montreal, Presses de l'Université de Montréal-Masson, 1996, pp. 142-3.

7. Meyer, A., "The anatomical facts and clinical varieties of traumatic insanity", *American Journal of Insanity*, 60, 1904, p. 373.

quando disseram que uma lesão localizada numa zona precisa do hemisfério direito provocava uma tendência à felicidade[8].

A Segunda Guerra Mundial, com seu quinhão de feridos do cérebro, tornou possível distinguir as lesões que desencadeavam sensações de felicidade ou de infelicidade[9] e diferenciar a sensação provocada pela percepção de um sentimento despertado por uma representação de palavras, como uma declaração de amor.

Pouco depois, os pioneiros da psiquiatria, sensibilizados por esses dados neurológicos, observaram que uma lesão do hemisfério esquerdo provocava regularmente acessos de melancolia, à diferença das lesões do hemisfério direito[10]. Mas o verdadeiro ponto de partida da aventura neuropsicológica foi publicado em Paris quando dois médicos, Hecaen e Ajuriaguerra, explicaram que uma ausência de sofrimento podia ser prova de uma patologia! A dor moral e a depressão justificam-se quando uma infelicidade ocorre, mas o que pensar quando uma lesão do hemisfério direito provoca uma indiferença ao luto ou até mesmo uma euforia provocada por uma tragédia?[11] O que não quer dizer que se possa explicar a felicidade por uma lesão do hemisfério direito, mas sim que existem bem-estares mórbidos! Existem até risos e choros imotivados quando pequenas lesões vasculares do tronco cerebral provocam um ataque de riso que demonstra que o organismo já não consegue regular suas emoções e responde com um riso sem alegria a qualquer estimulação.

....

8. Babinski, J., "Contribution à l'étude des troubles mentaux dans l'hémiplégie organique cérébral (anosognosie)", *Revue neurologique*, 27, 1914, pp. 845-8.

9. Goldstein, K., *After Effects of Brain Injuries in War*, Nova York, Greene and Stratton, 1942.

10. Bleuler, J., *Textbook of Psychiatry*, Nova York, Macmillan, 1951.

11. Hecaen, H.; Ajuriaguerra, J. de; Massonet, J., "Les troubles visuoconstructifs par lesion pariéto-occipitale droite", *Encéphale*, 40, 1951, pp. 122-79.

Zonas cerebrais do gosto do mundo

Logo, podem existir sensações de felicidade ou de infelicidade sem objeto, desencadeadas pela resposta de um sistema nervoso desorganizado[12]. A neurologia da felicidade-infelicidade evidentemente não exclui nem o sentimento de felicidade nem o de infelicidade provocados pela representação mental de acontecimentos que, eles sim, estão carregados de significações. O tomógrafo precisa esse raciocínio ao revelar que um pequenino acidente vascular que necrose a zona dorsal do núcleo talâmico direito* provoca uma sensação de felicidade sem objeto[13]. Isso evidentemente não impede aqueles que ganham na loteria de experimentar um sentimento de euforia provocada por esse golpe de sorte, ou às vezes de angústia provocada por essa felicidade não merecida.

Na época em que, para explorar um tumor ou uma epilepsia, injetavam-se barbitúricos numa carótida a fim de anestesiar o hemisfério correspondente, os médicos constatavam modificações emocionais características. Quando o hemisfério direito era anestesiado, os pacientes só percebiam o mundo com seu hemisfério esquerdo. Tornavam-se então desprovidos de afeto e rigorosos. Quando o hemisfério esquerdo era adormecido, sua percepção do mundo ganhava, ao contrário, uma conotação de fortes emoções tristes[14].

O gosto do mundo não é o mesmo segundo o hemisfério que processa o modo de ser: lúcido e pouco afetivo para o hemisfério esquerdo, aquele que fala; fácil de emocionar e até de deprimir para o hemisfério direito, aquele que sente.

....

12. Robinson, R. G.; Manes, F., "Elation, mania and mood disorders. Evidence from neurological diseases", *in* J.-C. Borod, *The Neuropsychology of Emotions*, Nova York, Oxford University Press, 2000, p. 240.

13. Starkstein, S. E.; Fedoroff, J. P.; Berthier, M. D.; Robinson, R. G., "Manic depressive and pure manic states after brain lesions", *Biological Psychiatry*, 29, 1991, pp. 149-58.

14. Panksepp, J., *Affective Neuroscience. The Foundations of Human and Animal Emotions*, Nova York, Oxford University Press, 1998, p. 308.

Um raciocínio automático levaria a pensar que é lógico fugir do que nos torna infelizes para nos refugiarmos nos braços da felicidade. Os dados neurológicos conduzem a outro questionamento: a sensação de estar feliz ou infeliz talvez provenha da conotação afetiva que nosso aparelho de perceber o mundo lhe atribui. A aptidão para a felicidade ou para a infelicidade resultaria de uma aquisição precoce, de uma memória viva que explicaria nossa tendência a atribuir aos acontecimentos um sentimento feliz ou infeliz? As palavras "felicidade" e "infelicidade" não equivalem a realidades físicas, são sua representação. Essa distinção verbal é abusiva. Quando se vive numa situação em que tudo nos faz feliz, cremos não poder ser infelizes. Mas a neurologia nos sugere que em geral é nosso modo de perceber o mundo que lhe dá um gosto de felicidade ou de infelicidade.

Nossas palavras refletem bem essa incerteza. Supõe-se que a palavra "dor" designe uma impressão penosa processada pelo cérebro, ao passo que o sofrimento pertenceria ao domínio das representações. Essa clareza abusiva não nos impede de falar da tristeza dos "*souffre-douleur*"[15] e de empregar sem hesitar as expressões "sofrimento físico" e "dor moral".

A explosão das neurociências possibilita entender melhor essa imprecisão verbal. Informações de fontes opostas, de naturezas diferentes, convergem para criar um sentimento que chamamos "felicidade" ou "infelicidade". Podemos observar clinicamente e manipular experimentalmente o percurso dessas informações e a formação desses sentimentos: "objetivar a subjetividade é portanto um procedimento científico"[16].

A biografia de uma minhoca provavelmente contaria que, durante a vida toda, a atração por um certo tipo de informação química ou térmica foi suficiente para sua "felicidade" e para evitar a "infelicidade". Num ser humano, esse nível de reação

....

15. Literalmente, sofre-dor. Expressão que se refere às pessoas (ou animais) que são alvo constante de maus-tratos ou chacota por parte de uma pessoa ou grupo. (N. da T.)

16. *Ibid.*, p. 45.

existe, mas tem de vir associado a muitas outras informações oriundas das representações de imagens e de palavras. Portanto, se quisermos entender a fórmula química da felicidade e a da infelicidade, teremos de recolher conhecimentos em diferentes áreas e integrá-los.

Já não se pode afirmar que uma simples estimulação provoca uma simples resposta. Nem as minhocas ainda concordariam com isso. Quando um organismo fica privado de açúcar por muito tempo, a falta interna torna seus receptores hipersensíveis a qualquer molécula de glucídio que ele perceba no seu meio externo com uma acuidade impressionante. Seu sistema nervoso, atiçado pela falta, percebe o menor sinal de açúcar e põe o corpo em movimento. Nós, humanos, temos essa reação quando temos sede. A falta de água interna nos põe em movimento, e a satisfação dessa necessidade provoca um grande prazer. É a satisfação da falta que desencadeia a felicidade do regalo, já que mais tarde, quando estivermos saciados, a mesma água provocará uma sensação de repulsa. O mesmo raciocínio vale para o sal, o sono, a presença humana ou o afeto. A intensa felicidade, o transporte de alegria que uma criança separada experimenta quando reencontra a pessoa a quem se apegou e de que foi privada provoca uma grande felicidade. Contudo, quando a mesma criança é assediada pela dedicação amorosa de sua mãe, é uma sensação de desprazer e às vezes de repulsa que ela pode sentir. As dosagens neurobiológicas revelam que o simples reencontro provoca, numa criança antes isolada, uma descarga de opioides que tem nos circuitos límbicos e na face inferior do lobo frontal* seus receptores privilegiados[17]. Uma presença afetiva constante não só suprime o prazer dos reencontros, mas, como no caso da água à saciedade, acaba por provocar repulsa. Portanto, é o ritmo, a pulsação e a alternância que provocam a sensação de alegria ou de felicidade extrema. Será que para se tornar um fato de consciência a felicidade tem de se acoplar com a infelicidade?

....

17. LeDoux, J., *Neurobiologie de la personnalité*, Paris, Odile Jacob, 2003, pp. 76 e 303.

O acoplamento da felicidade com a infelicidade

Esse curioso raciocínio aparentemente ilógico foi defendido pela primeira vez por dois pesquisadores da Universidade Mac Gill quando eles constataram que ratos que tinham recebido descargas elétricas no cérebro precipitavam-se para o lugar onde tinham sofrido[18]. Ao implantarem microeletrodos no cérebro dos ratos e lhes ensinarem a se autoestimular, descobriram que, quando o eletrodo era colocado numa banda neuronal da face inferior do lobo frontal, os animais se precipitavam feito loucos para pressionar a alavanca. Desencadeavam uma descarga mesmo quando não obtinham recompensa alimentar. A estimulação dessas fibras nervosas, ao aumentar a circulação de dopamina[19], provocava uma sensação de euforia sem objeto. Inversamente, a prescrição de uma substância que diminui a secreção de dopamina tornou esses animais insensíveis e neles suprimiu a busca de estimulações. Para sentir o prazer de uma estimulação, ainda que dolorosa, é preciso ter sentido o desprazer da falta. A indiferença, entorpecendo as respostas do sistema nervoso, faz desaparecer tanto o sofrimento como a busca de prazer.

O meio ecológico compõe um envoltório sensorial que envia à base do hipotálamo* estimulações de luz ou de calor que modulam as secreções de ocitocina e de vasopressina (aminoácidos que agem sobre o corpo, longe do cérebro). A ocitocina provoca a contração do útero e a liberação do leite. Mas, quando se introduz no organismo de uma fêmea uma substância que impede a ação da ocitocina, ela deixa de se vincular a seu parceiro. O produto não impede o ato sexual, mas entorpece as respostas do sistema límbico.

....

18. Olds, J.; Milner, P., "Positive reinforcement produced by electrical stimulation of septal areas and other regions of rat brains", *Journal of Comparative and Physiological Psychology*, 47, 1954, pp. 419-27.

19. Dopamina: neurotransmissor envolvido nos movimentos, nas emoções e no medo. A falta dele nas doenças genéticas, em acidentes cerebrais ou no isolamento relacional torna os movimentos mais lentos, entorpece as emoções e não faz pensar em mais nada.

O ato sexual também estimula a secreção de ocitocina, o que explica o aspecto espasmódico do prazer físico, já que essa substância contrai o útero e alguns outros músculos[20]. Quando há um déficit dos circuitos límbicos da memória ou quando a espécie secreta substâncias antiocitocina, o parceiro continua um desconhecido depois do ato sexual. Pode acontecer então que a fêmea o expulse como um intruso ou o considere uma caça e queira comê-lo. Os machos secretam menos ocitocina, mas são em contrapartida mais sensíveis à vasopressina. Quando se bloqueia esse hormônio, deixam de se apegar à fêmea, mas continuam agressivos contra os machos intrusos.

Essa dissecação biológica ajuda a entender por que o amor humano pode prescindir de um encontro real com o parceiro ou a parceira: já que respondemos sobretudo a nossas próprias representações, podemos nos apaixonar por um ídolo impossível de tocar ou venerar um Deus que jamais veremos. O ato sexual corresponde a um encontro entre um estímulo externo e uma receptividade interna. Contudo, só será seguido da tecedura de um apego se um processo de memória entrar em jogo. Algumas pessoas não dispõem dessa memória por motivos de falha biológica. Outras têm medo desse vínculo por motivos psicológicos. E a cultura, por sua vez, organiza circuitos sociais que estimulam esse vínculo, como no Ocidente, ou que o desqualificam, como na Roma antiga. Estamos longe das causalidades únicas que facilitam o pensamento simples. Para complicar ainda mais, foi possível mensurar que, nas mulheres, uma carícia física aumentava a secreção de ocitocina tanto quanto uma carícia verbal, mas menos que o dilúvio hormonal provocado pelo aleitamento ou pelo prazer sexual[21]. Não pensem que essa é a receita de como fabricar um determinado vínculo com uma dose de carícias, certa quantidade de palavras ou uma série de atos sexuais. Como nossas representações também inflamam

....

20. Odent, M., *The Scientification of Love*, Londres-Nova York, Free Association Books, 1999, p. 34.

21. Vincent, L., *Petits Arrangements avec l'amour*, Paris, Odile Jacob, 2005, p. 87.

nosso cérebro, não é raro algumas mulheres se sentirem dependentes do homem que provoca tanto prazer e lhe censurarem essa tentativa de submissão. A história pessoal delas ou seu contexto cultural as leva a atribuir grande valor à autonomia social, quando, uma ou duas gerações antes, era a dependência que era glorificada: devia-se ser fiel e servir a família. Hoje, quando um homem ou um filho tornam essas mulheres dependentes, elas sentem essa felicidade como uma submissão e se tornam hostis com aqueles que entravam sua liberdade: "Não é porque o amo que vou fazer o que você quer." Recuperar a independência, mesmo ao preço da infelicidade, devolve-lhes orgulho e autoestima.

Na época ainda recente em que se esperava que os homens servissem sua fábrica, sua família e sua pátria, eles eram tão glorificados que mal se davam conta de que também eles estavam sujeitados. Será que eles vão descobrir uma triste liberdade?

Sexo e memória

Conforme as emoções que provocar, um simples relacionamento pode modificar as secreções de opiáceos. É o que explica por que a gente se sente eufórico quando conversa com Pierre e tenso quando janta na casa de Caroline. Um prazer compartilhado aumenta a ocitocina, cujo receptor mais sensível está no hipocampo dos circuitos da memória*. Quer dizer que o fato de desejar alguém provoca uma emoção sexual e ao mesmo tempo uma melhora da memória: "Quando janto com ela, aprendo de cor" (seria o caso de dizer). A associação entre bem-estar e memória explica o poder euforizante da familiaridade[22]. O encanto de encontrá-la aumenta o modo como me impregno dela, pois estou mais atento a isso. A expectativa do prazer da música aumenta esse prazer. A esperança de me tranquilizar me tranquiliza. E se, por sorte, me acontecer de estar infeliz, o fato de ter

....

22. Panksepp, J., *Affective Neuroscience, op. cit.*, p. 257.

aprendido a esperar que minha mulher (meu homem) me tranquilize amplifica o poder tranquilizante de seu apego. O mero fato de acreditar que ele (ela) pode me tranquilizar lhe dá esse poder e estimula meu afeto. Esse raciocínio implica dois outros prévios: é preciso que, devido ao passado, eu possa ter me impregnado dela e também preciso estar ansioso para esperar que isso ocorra. Quando ela me fizer a gentileza de estar ao meu lado, as condições do vínculo associaram o sofrimento da falta ao prazer do reencontro. Assim como a sensação de felicidade imotivada se parece com a infelicidade, pode-se pensar que o medo se acopla com a segurança, o apego com a angústia, o apaziguamento com o alerta, constituindo assim um par de opostos em que um só pode existir graças ao outro que ele combate.

Assim como um animal assustado pelo ataque de um predador continua correndo sem sentir a dor de seus ferimentos, a analgesia de um homem possuído pelo medo ou pela paixão rapidamente se transforma em euforia depois do susto[23]. Essa passagem do medo à euforia é frequente nos animais que acabaram de escapar de um perigo. Também pode ser constatada no homem que sobreviveu ao combate. A explicação disso está numa reação biológica: o alerta estimula a secreção de serotonina e de opioides naturais que permanecem no corpo depois da agressão e provocam a euforia do pós-combate[24]. Essa associação entre medo e euforia, o oximoro da felicidade e da infelicidade explicam por que tantos desesperados provocam a infelicidade esperando a felicidade, por que tantos mortos de tédio assumem grandes riscos para se sentir um pouco vivos e por que alguns "baderneiros" procuram briga para criar alguns acontecimentos euforizantes em sua triste existência.

O hemisfério direito é sensível às emoções dos outros, ao passo que as duas regiões anteriores do cérebro se coordenam para dar forma à expressão das emoções do sujeito. Basta um

....

23. Levine, P. A., *Réveiller le tigre. Guérir le traumatisme*, Charleroi, Socrate éditions, 2004.

24. Panksepp, J., *Affective Neuroscience, op. cit.*, p. 215.

bebê maltratado por quem lhe provê cuidados vislumbrar seu agressor para que seu hemisfério direito se ponha em alerta. O pequenino imediatamente manifesta um comportamento de retração[25] e um evitamento do olhar... como se sofresse de uma lesão do hemisfério direito, aquele que induz facilmente um humor depressivo[26]. Se essa situação se repetir algumas vezes ou ocorrer num momento sensível do desenvolvimento da criança, ela irá se inscrever em sua memória implícita e criar um hábito reativo que doravante passará a caracterizar o estilo interativo do pequenino. Um acontecimento significativo acaba pondo a criança na esteira rolante que leva à depressão. Essa vulnerabilidade precoce é totalmente adquirida. A aptidão para a retração e para o evitamento, impregnada desde os primeiros meses, cria com o genitor que maltrata um laço particular em que a criança se apega a uma base de insegurança. A partir de então, basta ela vislumbrar essa figura de apego que provoca insegurança para que seu hemisfério direito alertado provoque a secreção dos hormônios do estresse cujos efeitos biológicos modificam o desenvolvimento somático[27]. É fácil ver a redução do volume do hipocampo no tomógrafo. O giro temporal* aumentado explica as dificuldades que a criança tem de controlar sua afetividade, porque a desregulação do cérebro das emoções provoca modificações endócrinas tais como a diminuição dos hormônios de crescimento e dos hormônios sexuais. Essa falta hormonal explica a morfologia do nanismo afetivo[28]: as crianças ficam pequenas (abaixo da altura que deveriam ter tido geneticamente), associam uma frieza afetiva com ex-

....

25. Guedeney, A., "Dépression et retrait relationnel chez le jeune enfant: analyse critique de la littérature et proposition", *Psychiatrie enfant*, 47, 1999, pp. 299-332.

26. Davidson, R. J.; Henrics, J., "Regional brain function in sadness and depression", *in* J.-C. Borod, *op. cit.*, p. 269.

27. Beaurepaire, R. de, "Aspects biologiques des états de stress post-traumatiques", *in* J.-M. Thurin, N. Baumann, *Stress, pathologies et immunité*, Paris, Flammarion, "Médecine-Sciences", 2003, pp. 135-53.

28. De Bellis, M. D.; Keshavan, M. S.; Clark, D. B., "Developmental traumatology", part. II, "Brain development", *Biological Psychiatry*, 45, 1999, pp. 1271-84.

plosões surpreendentes de ódio ou de amor. Nesse caso, não é um tumor ou uma lesão que altera seu cérebro das emoções, é a história parental que, ao perturbar o pai ou a mãe, perturba o desenvolvimento orgânico do filho.

A memória não é o retorno do passado

Mais tarde, quando a criança contar a si mesma sua história para melhor se identificar, tenderá a se deixar fascinar pelo trauma impregnado em sua memória[29]. Pensa nisso sem parar, sonha com isso sem falar a respeito. Qualquer acontecimento banal faz referência a seu passado ferido, organizando assim a síndrome psicotraumática que toma conta dela. "A infelicidade de minha mãe foi o local de meus sonhos", dizia Marguerite Duras[30].

Quando a existência familiar ou cultural não descentra a criança de si mesma, a inclinação natural a leva para a tristeza porque sua memória lhe ensinou a reagir assim. Quando a criança passou por momentos difíceis, o relato identitário será talhado por momentos dolorosos[31]. Mas, quando o meio familiar, cultural ou as amizades convidarem a criança a se descentrar descobrindo outras histórias de vida ou outras culturas, então será fácil desencadear um processo de resiliência verbal, e a memória identitária irá pouco a pouco se compondo de rituais felizes e de acontecimentos agradáveis.

Esse remanejamento da memória autobiográfica tem efeitos de treino cerebral. Quando um acidente fere a face profunda do lobo temporal esquerdo que processa a fala, o sujeito deixa

29. Schacter, D. L., *À la recherche de la mémoire. Le passé, l'esprit et le cerveau*, Bruxelas, De Boeck Université, 1999.

30. Citado por J.-P. Chartier, comunicação pessoal, julho de 2006.

31. Singer, J. A.; Salovey, P., "Motivated memory: Self-defining memories, goals and affect regulation", *in* L. L. Martin, A. Tesser (orgs.), *Striving and Failing: Interations Among Goals, Affects and Self-Regulation*, Mahwall (N. J.), Erlbaum Associates, 1996.

de sentir as emoções provocadas pelas palavras embora continue sendo afetado pelas imagens. Por isso é que, anos mais tarde, conserva daquela época uma excelente memória das imagens, embora sua indiferença às palavras não lhe tenha possibilitado adquirir uma memória verbal, um relato de si[32]. A alteração da memória por causa de um ferimento cerebral não é irremediável, pois basta treinar o ferido a fazer o relato escrito ou falado do que lhe aconteceu para que progressivamente, palavra por palavra, uma emoção depois da outra, ele reconstrua uma memória verbal depois do acidente. É por isso que alguém com um ferimento cerebral ou alguém esfolado na vida relacional evolui espontaneamente para a agonia psíquica se for abandonado à sua solidão. Sem emoções íntimas e sem balizas externas, familiares ou sociais, a memória fica vazia. Para preenchê-la, é preciso que um relacionamento estimule o complexo amigdaloide*, centro de triagem neurológica das emoções, que facilita a memória das imagens e das palavras.

A vida psíquica volta lentamente, construindo a identidade narrativa do ferido. No entanto, como é o estilo relacional que orienta o preenchimento, pode-se dizer que as lembranças que se vão buscar no passado e as palavras que se escolhem para lhes dar forma constroem autobiografias diferentes conforme o parceiro da narrativa. Não são mentiras, mas representações diferentes induzidas pelas relações. Por isso assistimos a profundas modificações da autoimagem quando ocorre um acontecimento muito impactante. O desespero age como um seletor de lembranças. O acontecimento desencadeia uma emoção que estimula o sistema amígdalo-hipocâmpico*[33]. A memória assim despertada reencontra no passado as imagens e as palavras que

....

32. Labar, K. S.; LeDoux, J. E.; Spencer, D. D.; Phelps, E. A., "Impaired fear conditioning following unilateral temporal lobectomy in humans", *Journal of Neuroscience*, 15, 1995, pp. 6846-55.

33. Schacter, D. L.; Wagner, A. D., "Medial temporal lobe activations", in "FMRI and PET", *Studies of Episodic Encoding and Retrieval Hippocampus*, 9, 1999, pp. 7-24.

dão forma ao que se sente no instante. É por isso que tudo é verdade, mesmo quando se afirma o contrário.

A memória não é o retorno do passado, é a representação de si que vai buscar nas marcas do passado algumas imagens e algumas palavras. Essa reconstrução dá uma forma coerente ao sentimento de felicidade ou de infelicidade experimentado no momento de uma relação. Ora, esse sentimento é construído dia após dia, ao sabor dos encontros cotidianos. Pequenas interações insidiosas e repetidas têm provavelmente um efeito de moldagem cerebral mais duradouro que alguns grandes acontecimentos. Uma vez adquirida a sensibilidade preferencial, traçada no cérebro pelas interações banais, um sujeito se torna capaz de perceber um fato que seu vizinho não percebe e fazer dele um acontecimento, importante para ele e sem significação para o outro.

Biologia da separação

As separações inevitáveis e necessárias da mãe podem se tornar tóxicas quando provocam uma inundação de corticoides. A duração da separação pode alterar uma criança, mas estimular outra conforme o estilo relacional que tinham com sua figura de apego. Quando a criança teme a separação porque já sofreu com ela, seu organismo adquiriu uma aptidão para reagir a essa pequena provação como reagiria a um alerta[34] e não a uma aventura excitante. Quando as separações se repetem e duram mais de três horas, as secreções dos hormônios do estresse (cortisol e ACTH) aumentam muito. Inversamente, separações curtas seguidas do prazer do reencontro têm um efeito de habituação que já não provoca essa reação biológica[35].

....

34. Putnam, F. W., "The developmental neurobiology of disrupted attachment", *in* L. J. Berlin, Y. Ziu, L. Amaya-Jackson, M. T. Greenberg, *Enhancing Early Attachments*, Nova York-Londres, The Guilford Press, 2005, pp. 80-1.

35. Francis, D. D.; Caldji, C.; Champagne, F.; Plotsky, P. M.; Meaney, P., "The role of corticotrophin-releasing factor-norepinephrine systems in mediating

Como somos treinados para raciocinar em termos de convergência de determinantes, deve-se destacar que outros fatores podem atenuar ou exacerbar o efeito dessas separações. Os eventos pré-natais sensibilizam um organismo para interpretar certos estímulos biológicos. As fêmeas grávidas estressadas geram filhos que reagem vivamente a qualquer estimulação. Os machos são menos sensíveis ao estresse materno[36]. Provavelmente, a secreção abundante de ocitocina pelas fêmeas e de vasopressina pelos machos explica essa diferença de reação a uma mesma situação. Essas experimentações biológicas e etológicas convidam mais que nunca a desistir das causalidades únicas e integrar dados de natureza diferente, embora coordenados. Uma mãe estressada comunica às suas filhas uma aptidão a reagir mediante emoções intensas aos acontecimentos da vida. Os machos, protegidos pela vasopressina, reagem de forma agressiva aos mesmos acontecimentos. Uma menininha que se tornou emotiva devido à emoção da mãe responde a cada separação com uma inundação de cortisol e de ACTH que esgota seu organismo e altera as células nervosas do hipocampo, suporte da memória: a pequena não vai tão bem na escola porque sua mãe estava estressada antes de ela nascer!

As crianças nascidas de uma mãe segura secretam muito hormônio de crescimento, o que lhes dá um desenvolvimento morfológico que eleva ao máximo suas possibilidades genéticas. Quando a bolha sensorial dos recém-nascidos é estável e ritmada pelo bem-estar da mãe, eles secretam mais acetilcolina, o que facilita o desenvolvimento das células do hipocampo[37]. A sinaptogênese[38] é estimulada pelos mimos regulares da mãe, e

....

the effects of early experience on the development of behavioural and endocrines response to stress", *Biological Psychiatry*, 46 (15), 1999, pp. 1153-66.

36. Anisman, H.; Zahria, M. D.; Meaney, M. J.; Merali, Z., "Do early-life events permanently alter behavioural and hormonal responses to stressors?", *International Journal of Developmental Neuroscience*, 16 (3-4), 1998, pp. 149-64.

37. Liu, D.; Dioro, J.; Day, J. C.; Francis, D. D.; Meaney, M. J., "Maternal care, hippocampal synaptogenesis and cognitive development in rats", *Nature Neuroscience*, 3, 2000, pp. 799-806.

38. Formação progressiva do espaço entre dois neurônios onde se produz a transmissão eletroquímica da informação*.

suas estagnações se alternam com fases sensoriais de repouso e breves separações.

Quando a criança secreta um excesso de cortisol e hormônio de crescimento insuficiente porque sua mãe não está bem, ocorrem alterações cerebrais, comportamentais e morfológicas. Elas são reversíveis se o organismo estiver em desenvolvimento e se as informações sensoriais do meio recuperarem uma intensidade suportável e um ritmo proximidade-separação que estimule o cérebro. Será possível falar de reversibilidade se o cérebro e o organismo retomarem seu curso normal. E será possível falar de resiliência apenas se, depois de uma atrofia provocada por uma longa separação ou uma alteração produzida por um estresse intenso ou crônico, o organismo conseguir retomar outro tipo de desenvolvimento, bem-sucedido apesar de tudo, que no entanto conserva a marca do período ferido.

Esse raciocínio psicobiológico nos leva a pensar que talvez não seja sadio fugir da infelicidade para se atirar nos braços da felicidade. Nossas imposições neurológicas levam-nos, antes, a organizar um ritmo, uma pulsação, uma respiração em que procuramos alternar felicidade e infelicidade.

As estradas do afeto

A simples anatomia apoia essa ideia. Os trajetos neuronais que veiculam os avisos da dor confinam com as informações do prazer. Nossas palavras nos fazem crer que essas áreas são opostas, quando na verdade são vizinhas no corpo e no córtex[39]. A reação de evitação provocada por uma dor física e a agitação emocional desencadeada por uma perda afetiva só se separam quando chegam ao cérebro. Primeiro, temos um conjunto de fibras neuronais muito finas, desprovidas de bainha de mielina, que transportam a dor até a medula espinhal. Elas confinam

....

39. Panksepp, J., "Feeling the pain of social loss", *Science*, vol. 302, 10 de outubro de 2003, p. 238.

com as fibras do tato e do calor, que veiculam as informações da carícia. Na base do cérebro*, essas informações são processadas nas áreas pré-ópticas ventral e septal, no núcleo dorsomedial do tálamo e nas células cinzentas periaquedutais para onde esse centro de triagem as envia na face interna do córtex. A área do cíngulo anterior recebe as vias que veiculam o sofrimento e, logo atrás, recolhe as informações que provocam a euforia. Embora esses sentimentos sejam opostos na representação verbal, na anatomia as vias da felicidade e da infelicidade são vizinhas. Essas sensações se associam facilmente porque a percepção de uma provoca a necessidade da outra. "Eu não me dava conta do quanto era feliz", diz aquele a quem acabou de acontecer uma infelicidade. "Achava que era normal ser criado daquele jeito", diz a criança maltratada assim que escapa do sofrimento. Se num corpo toda a informação fosse circuitada para a infelicidade não seria possível tomar consciência disso. Um meio em que só houvesse felicidade levaria ao sentimento de vazio, de não-felicidade.

Quando um porquinho-da-índia separado da mãe emite gritos de desespero, a câmera do tomógrafo por emissão de pósitrons revela que ele acabou de acender os circuitos do sofrimento: a área do cíngulo anterior se conecta com o núcleo ventroseptal, com a área pré-óptica dorsal, com o núcleo dorsomedial do tálamo e com a região cinzenta periaquedutal*. Quando um porquinho-da-índia leva um forte beliscão, as fibras periféricas recolhem a mensagem da dor mecânica e a transportam rapidamente para o alto da medula espinhal onde encontra os mesmos núcleos da base do cérebro que a orientam em seguida para a área do cíngulo anterior. Isso quer dizer que nos porquinhos-da-índia um beliscão físico doloroso ou uma perda afetiva convergem para a mesma estrada neuronal. Seja a informação mecânica ou afetiva, é a mesma região cerebral que, alertada, provoca sensações de sofrimento.

O sofrimento que torna infeliz estaria associado ao desejo que torna feliz? O sistema nervoso constitui a possibilidade, no fio da navalha, de mudança de direção que, por um nada, por uma palavra, por um encontro, faz passar de uma sensação dolorosa ao sentimento de felicidade, da angústia ao êxtase como ocorre com os místicos, do desespero à gargalhada como às vezes acontece e nos ofende em certos enterros.

Não é raro que um abscesso ou uma hemorragia localizada destrua as células do complexo amigdaloide*, deixando nesse lugar um buraco ou um bloco macerado que impede a circulação das informações da dor e da perda afetiva. A mesma alteração pode ser observada depois de um isolamento sensorial em que uma criança abandonada deixa de ser estimulada pelo mundo externo. Ela estimula a si própria mediante balanços, rodopios ou autoagressões que lhe trazem um *ersatz* de existência. Sofre a fim de viver um pouco, apesar de tudo. Em seguida, a rotina entorpece o efeito estimulante dos sofrimentos. A criança se torna indiferente, inerte, nem feliz nem infeliz. Quando a agonia psíquica desliga o complexo amigdaloide, toda emoção desaparece: já não há diferença entre a morte e a não-vida.

Como o anúncio de uma notícia boa ou uma notícia ruim pode provocar em nós um sentimento de alegria ou de desespero, entende-se por que um mero pisão no pé "acende" a mesma zona do córtex cingulado anterior que o enunciado verbal de um acontecimento triste. Uma rejeição social, uma desaprovação do outro também ativam essa zona e criam um sentimento doloroso sentido no corpo. Um sofrimento relacional será processado da mesma maneira e pelos mesmos circuitos neuronais que um sofrimento físico. Isso explica por que 10% da população em geral sofre permanentemente de dores crônicas nas costas ou no estômago, enquanto 43% de uma população de deprimidos sofre dos mesmos males[40]. É tão certo que uma dor crônica leva à depressão quanto é certo que uma depressão provoca uma dor crônica, porque o entroncamento dessas informações se dá na área do cíngulo anterior.

....

40. Évrard, N., "Enquête: 75% des déprimés souffrent de symptômes physiques", *Abstract Psychiatrie*, nº 10, outubro de 2005.

Prazer ansioso da partida, prazer entorpecido do retorno

Para induzir um sentimento de rejeição no momento em que o cérebro do sujeito está sendo observado por ressonância magnética, Eisenberg pediu a vários colegas que participassem de um jogo em que um devia passar uma bola para o outro dizendo palavras amáveis. De repente, ante um sinal combinado, os experimentadores só passavam a bola entre si, evitando falar e jogar com aqueles cujo funcionamento cerebral estava sendo registrado. O simples fato de se preparar para receber a bola e se ver subitamente excluído da comunicação acendia a área do cíngulo anterior, como no caso de dor física[41]. Quanto mais intenso é o sentimento de rejeição, mais o cérebro da dor consome substâncias energizantes. Muito rapidamente, contudo, se estabelece uma equilibração cerebral: basta o sujeito frustrado desistir de jogar e se orientar para outra atividade mental para que a zona pré-frontal seja ativada, inibindo assim as informações desagradáveis. Essa associação de opostos explica a possibilidade orgânica de combater o sofrimento graças a uma psicoterapia ou sob o efeito de um novo projeto de vida.

Os neurotransmissores que participam da sensação de infelicidade explicam as manifestações somáticas de anorexia, abatimento, dores difusas e até de pálpebras inchadas. Em caso de aflição, as endorfinas caem bruscamente, mas basta encontrar um substituto afetivo e conversar agradavelmente com alguém para que sua taxa volte a subir. O infeliz sente assim um alívio físico e ao mesmo tempo a felicidade de se apegar àquele ou àquela que lhe devolve o prazer de viver ajudando-o a controlar a dor.

O oximoro cerebral faz funcionar juntos um par de opostos: as informações do sofrimento desembocam na área do cíngulo anterior*, que quase de imediato se conecta a uma faixa situada

....

41. Eisenberg, N. I.; Lieberman, M. D.; Williams, K. D., "Does rejection hurt? A FMRI study of social exclusion", *Science*, 302, 2003, pp. 290-2.

na face inferior do lobo pré-frontal direito que, por sua vez, alerta a área do cíngulo posterior vizinha, onde desembocam as informações do prazer.

Essa organização corresponde ao que se constata na clínica do apego quando um ser vivo precisa de outro para dirigir seus desenvolvimentos. A criança manifesta em torno desse outro (sua figura de apego) incessantes idas e vindas. Explora seu mundo afastando-se dessa figura privilegiada, até o momento em que, assustada, corre de volta ao encontro dela. O prazer e a angústia de explorar o desconhecido aumentam a felicidade de reencontrar o conhecido e a ele se apegar. O agradável sentimento de amar só pode se desenvolver se existir um perigo externo que ele possa apaziguar. Sem base de segurança, sem figura para amar, a aflição da criança pequena a faria viver num sofrimento constante. Inversamente, porém, num mundo entorpecido, não precisaria amar. Assim como para estabelecer um laço é preciso ligar dois cordões opostos, para estabelecer um apego é preciso solidarizar duas exigências antagônicas: a exploração e a tranquilização. O prazer angustiante da descoberta deve se associar ao prazer entorpecedor da familiaridade. Só é possível aprender o desconhecido a partir de uma base de segurança conhecida. E para que um objeto se torne uma base de segurança, um alerta tem de lhe dar sua função tranquilizadora.

Será que o mesmo oximoro afetivo é observado em adultos? Até a Segunda Guerra Mundial, numa sociedade em que não existia nem Seguridade Social nem aposentadorias, o casal é que garantia essa função de base de segurança. A partir dele é que se experimentava o prazer angustiado de tentar conquistar o mundo e, em caso de infelicidade, era junto ao cônjuge que as pessoas se refugiavam para recuperar a felicidade de estar cercado de cuidados. Isso implica que, num contexto de paz, a exploração do mundo será menos angustiante, mas, em caso de infelicidade, não se terá aprendido a atribuir ao outro seu poder tranquilizador. Quando o contexto deixa de ser assustador, já não se está rodeado pela família e sim aprisionado nela!

O mesmo processo se desenrola numa psicanálise, quando as mudanças de pensamentos provocadas pelas interpretações do analista surpreendem o paciente e o tiram de seus hábitos intelectuais, de suas ruminações. O alívio provocado por esse distanciamento o liga ao analista. A transferência afetiva, esse novo laço analisado durante as sessões, ajudará a controlar melhor as antigas repetições.

A proximidade neuronal da felicidade e da infelicidade provavelmente corresponde à necessidade arcaica de sobrevivência. Quase todos os seres vivos sabem resolver o problema do sofrimento e do prazer fugindo do primeiro para buscar o segundo. Para que essas duas pulsões opostas se associem é preciso inibir rapidamente a reação de fuga ou de atração. Não se pode passar a vida fugindo da infelicidade ou fartando-se de felicidade. Assim que uma infelicidade é provocada, sonhamos com felicidade. Assim que a felicidade é conquistada, o vencedor entorpecido perde a sensação de viver e busca o acontecimento. O que torna possível a sobrevivência é o par de opostos.

O cordão que une a alma ao cérebro

Quando a área do cíngulo anterior está alterada, o animal deixa de emitir os gritos de desespero que provocam o socorro materno. Ora, um animal que já não consegue sofrer morre, abandonado por seus próximos que ele não perturba mais. Por outro lado, um ser vivo que exprime seu sofrimento provoca apoios e se apega àqueles que acorrem para salvá-lo. Se não houvesse sofrimento, poderíamos amar? Se não houvesse angústia e perda afetiva, teríamos necessidade de segurança? O mundo seria insosso e talvez não nos desse gosto viver nele.

Os organismos humanos não escapam aos determinismos biológicos. Mas a possibilidade de criar um mundo de representações lhes permite remanejar o mundo que percebem, melhorá-lo ou piorá-lo, fazer dele uma bênção ou uma maldição. Seja qual for a nova direção adotada, é sempre o cérebro que serve de traço-de-união entre as percepções biológicas e as representações mentais.

O caso de Bernadette ilustra essa ideia. Aos trinta e dois anos, a jovem teve de ser hospitalizada devido a uma grave queimadura na coxa. Ao longo da vida, já sofrera várias fraturas indolores e foi um cheiro de churrasco que a fez tomar consciência de que estava se queimando. No hospital, foi estabelecido o diagnóstico de agenesia congênita à dor[42]. Essa doença genética rara deve-se ao fato de que o organismo não desenvolveu os genes das fibras C desprovidas de mielina que, habitualmente, transportam a toda a velocidade as informações da dor física. Durante a vida, contudo, Bernadette sentira uma dor física no dia em que ficara sabendo da morte do irmão num acidente de carro. Quando a terrível notícia lhe foi anunciada, Bernadette, infeliz, ficou atordoada. Meia hora depois, porém, sentiu uma intensa cefaleia e uma dor difusa. Por causa de sua anomalia genética, nenhuma dor física podia ser veiculada até o cérebro. Um simples enunciado, uma frase: "Seu irmão acabou de morrer", desencadeara uma dor física que ela nunca experimentara.

Não foi a percepção de um choque, tampouco a percepção de uma falta que tinha provocado sua dor, pois o irmão já não morava com ela fazia tempo. Foi a representação verbal de uma perda afetiva que, convulsionando seu mundo interno, desencadeou um sofrimento físico.

Essa paciente não sabia que sua anomalia neurológica e seu sofrimento psíquico ilustravam uma ideia de Freud: "[...] uma ausência, um objeto perdido, cria exatamente as mesmas condições de dor que uma parte ferida do corpo."[43]

Dizer que as pessoas se sentem fisicamente mal depois da morte de um ente querido não é original. Ninguém ficará per-

....

42. Danziger, N.; Willer, J. C., "Tension-type headache as the unic pain experience of a patient with congenital insensitivity to pain", *Pain*, 5849, 2005, pp. 1-6.

43. Freud, S. (1926), *Inhibition, symptôme et angoisse*, Paris, PUF, 1951; citado *in* N. Danziger, J. C. Willer, reflexão feita por Gérard Osterman, seminário Ardix Bordeaux, 14 de dezembro de 2005.

turbado seu eu disser que uma boa notícia nos deixa eufóricos e que uma notícia ruim nos deixa tristes. O que é novo é a possibilidade de analisar como uma modificação do meio real, assim como o enunciado de umas poucas palavras, pode modificar o funcionamento de um organismo humano. Podemos entender agora como uma psicoterapia modifica de modo duradouro o funcionamento do cérebro[44]. Quando o entorno familiariza uma criança com a representação tranquilizadora de papai-protetor e mamãe-consolo, ela experimenta a sensação que essa representação provoca. Uma simples evocação, ao conversar ou examinar uma foto de família, basta para despertar a emoção. Pode-se até imaginar que ao assistirmos a um filme que nos faz rir e chorar nossas áreas dos cíngulos posteriores e anteriores funcionem intensamente. Submetemo-nos às representações que inventamos, para o nosso maior prazer ou para a nossa infelicidade.

A nova vida do falecido

Vou tentar esclarecer essa ideia com o exemplo do luto. Quando estava vivo e convivia conosco, o outro deixava sua estampagem em nossa memória biológica. Estávamos acostumados ao som de sua voz, a seus hábitos comportamentais, à sua presença real. No dia em que ele morreu, nosso mundo sensorial ficou perturbado porque o outro já não estava lá. Mas o ente querido desaparecido continuava a existir em nossas lembranças e em nossas fotos, assim como em nossas palavras, nos relatos que sua família e sua cultura faziam de sua existência passada. Seja o ponto de partida sensorial ou verbal, a tristeza ativa a mesma zona cerebral, o que desencadeia uma emoção e modifica a biologia do enlutado.

....

44. Fischer, K. W.; Pipp, S., "Development of the structures of unconscious thought", *in* K. Bowers, D. Meichenbaum (orgs.), *The Unconscious Reconsidered*, Nova York, Wiley, 1984, pp. 88-148.

Esse modo de raciocinar permite dizer que, quando perdemos um ser amado, uma parte de nós é arrancada, levada com o morto. Nosso mundo sensorial se esvaziou de uma presença. Contudo, quando se está afetivamente rodeado de pessoas, o convívio com os outros tapa um pouco a brecha. E se a cultura dá sentido à morte, procuramos reencontrar uma direção de vida, um projeto no qual o falecido ocupará um lugar particular. Mesmo que já não exista na realidade, continuamos a nos referir a ele: "Meu pai ficaria orgulhoso com o que acabei de fazer... Se minha mãe me visse." Claro que o morto está morto, mas ele continua uma outra forma de existência quando pensamos nele e ele ainda governa uma parte de nossa vida.

Quando as perdas não são nem acolhidas nem significadas, ao enlutado resta apenas se encolher para sofrer menos. A dor o impede de falar, ele cerra os dentes e se isola. Fazemos a mesma coisa quando a cultura nos faz calar. É a significação da morte que organiza nossas defesas: quando o irmão foi abatido pela polícia porque tinha acabado de atirar a esmo no meio da multidão, quando o pai nazista foi enforcado, os familiares nada mais podem fazer senão calar. O encolhimento antálgico que impede de compartilhar a tristeza e socializar o sofrimento expulsa o sobrevivente do mundo humano. Nesse caso, a perda não é um luto, é um buraco na alma, um vazio sem representações, um quisto, uma cripta num mundo interno que se prepara para a clivagem.

No caso de impedimento de rituais de luto, o enlutado mudo torna-se para os próximos uma base de insegurança. A simples percepção do outro, silencioso e abatido, evoca o desespero, a vergonha ou a culpa. Essa reação explica por que 70% dos casais que perdem um filho se divorciam nos dezoito meses seguintes à morte, acrescentando assim mais um sofrimento ao sofrimento. Mas, nas famílias emudecidas em que o ser amado desapareceu sem ritual de adeus, toda felicidade se torna vergonhosa quando adquire o significado de uma traição: "Como você ousa desfrutar da vida depois que seu filho morreu sofrendo?"

A perda é individual, mas o luto é coletivo[45]. Ele exige tanto o apoio afetivo que estimula sensorialmente o enlutado quanto o trabalho de luto, que faz com que a cultura possa dar sentido ao desaparecimento, provocando assim o remanejamento das representações: "Depois que fiz um quadro com as fotos dele, depois que escrevi sua biografia, sinto menos o vazio da perda porque estou aprendendo a viver com ele, não com sua presença real, mas com a de sua representação."

O trabalho de luto explica o motivo pelo qual uma perda precoce nos pequeninos conduz à catástrofe no caso de não haver substituto afetivo. No estágio pré-verbal, as representações ainda são incertas. Quando uma figura de apego desaparece é uma enorme parte de seu mundo sensorial que some. O envoltório biológico que cerca o bebê perde seus estímulos auditivos, táteis, olfativos e visuais permanentes porque o outro já não está presente. A figura de apego desaparecida já não fornece as informações perceptivas e emocionais que deveriam ter estimulado o cérebro límbico. Não chega até a área do cíngulo nem felicidade, nem infelicidade, nem representações, porque a criança ainda não sabe organizar um cenário de imagens para representar o falecido ou contar algumas anedotas para fazê-lo viver um pouco mais. Seu mundo real se esvazia, o circuito límbico desaparece, explicando a atrofia cerebral por ausência de estimulações biológicas.

Esse modo de entender o luto, analisando separadamente a perda afetiva e a representação do ente querido perdido, ajuda a compreender que nem todos os lutos estão ligados à morte[46]. É tão certo que um isolamento afetivo atrofia a área frontolímbica por carência de estimulações biológicas como é certo que um déficit cultural o priva de um trabalho de representações que desemboca nas mesmas zonas cerebrais. Uma perda inominável, por assassinato ou guerra, corresponde a uma perda indizível

....

45. Hanus, M., *Les Deuils dans la vie*, Paris, Maloine, 1994.

46. Poletti, R., "Les deuils dans l'enfance", *Abstracts Neuro et Psy*, nº 169, setembro de 1997, pp. 15-30.

quando o entorno impõe o silêncio a uma criança cujo mundo interno fica fascinado pela morte[47]. Os fatores de resiliência que possibilitam não permanecer na agonia psíquica são compostos pelo teatro dos funerais e pelo remanejamento afetivo do meio.

Nem todas as mortes são idênticas

É o que permite entender por que a morte da mãe provoca menos distúrbios que o desaparecimento do pai[48], o que é contraintuitivo. Quando a mãe deixa de viver, o pai infeliz sofre, mas o mundo de quem cerca a criança de cuidados muda pouco, pois a alteração paterna é compensada por outras figuras de apego que, desde a morte da mãe, cercam a criança de cuidados (tias, tios, amigas ou substitutos). O mundo da criança já não é o mesmo, mas ela encontra à sua volta algumas estruturas afetivas que lhe possibilitam dar prosseguimento a um desenvolvimento resiliente modificado pela ausência materna. A morte do pai, paradoxalmente, muda mais o mundo da criança, porque, agora, ela é obrigada a se desenvolver em contato com uma mãe deprimida, isolada e às vezes desorganizada.

Esse dado clínico destaca a importância do contexto familiar e cultural no trabalho do luto e suas consequências psicológicas e desenvolvimentais. Quando a mãe enlutada fica isolada, como ocorre em nossa cultura individualista, ela se torna uma base de insegurança para os filhos. Já nas culturas em que se dá sentido à morte e a viúva é rodeada de pessoas, a constelação afetiva em que a criança está mergulhada se modifica, mas não impede a continuação de um desenvolvimento.

A cultura nem sempre é protetora. Às vezes, o mito do luto diz que uma mulher sem marido não é capaz de criar um filho.

....

47. Bacqué, M.-F.; Haegel, C.; Silvestre, M., "Résilience de l'enfant en deuil", Le Bouscat, L'Esprit du Temps, *Pratiques psychologiques*, 1, 2000, pp. 23-33.

48. Saler, L.; Skolnick, N., "Childhood parental death and depression in adulthood: roles of surviving parent and family environment", *American Journal of Orthopsychiatry*, 62, 4, 1992, pp. 504-16.

Então, a polícia vem buscar a criança para colocá-la numa instituição sem afeto. Essa cultura agrava o luto ao modificar o envoltório sensorial que rodeia os enlutados e levá-los à indiferença protetora, mas não resiliente.

As circunstâncias reais da morte participam da construção do sentido de que o fato é impregnado. Uma morte brutal por acidente de carro muitas vezes provoca um estupor traumático, ao passo que uma morte esperada decorrente de uma doença grave induz um trabalho de trespasse que precede a morte real. Quando chega a derradeira hora, o grupo já preparou a reorganização de uma família que terá de continuar a viver sem o falecido. Não é raro que o anúncio da morte provoque um alívio culpabilizante e vagamente envergonhado. Surgem então conflitos que tinham ficado contidos pela presença daquele que ia morrer. O luto torna-se revelador de problemas ocultos e de remanejamentos afetivos de uma família que se prepara para funcionar sem seu morto.

Quando os sobreviventes da Shoah foram reagrupados, quase todos estavam envergonhados de sobreviver porque acreditavam ter abandonado seus familiares deixando-os ir para a morte sem lhes dar sepultura. Não se pode largar o cadáver de um ser que ainda se ama. As circunstâncias sociais tinham-nos obrigado a cometer esse crime ao qual suas fantasias secretas davam uma forma inconfessável: "Como ele ia morrer, peguei o naco de pão dele... Desviando o olhar, evitei a seleção que teria me condenado à morte: minha irmã é que foi pega no meu lugar!" Esse sentimento de culpa atroz costuma estar na origem de fantasias inconscientes de expiação, de gentileza mórbida ou de medo da felicidade.

Em Alger, a sra. M. quer tomar o ônibus para voltar para casa. Sua filhinha de cinco anos, caprichosa, se arrasta no chão e exige doces. Depois de algumas frases exasperadas, a mãe pede para a menina guardar seu lugar na fila enquanto vai até a tabacaria ao lado comprar algumas guloseimas. É então que a enorme explosão atira a sra. M. violentamente ao chão. Ao sair, vê um enorme buraco no lugar da fila de espera. Atordoada, contempla os farrapos de roupas e os pedaços de carne espalhados. Na mão, segura o pacote de doces que acaba de ganhar uma terrível significação: "Minha filhinha morreu no meu lugar. Ela salvou minha vida, eu não soube protegê-la." Quando, depois do choque, o sofrimento finalmente apareceu para puni-la por seu "crime", a sra. M. sentiu que toda felicidade passara a ser vergonhosa, insuportável. Pouco a pouco, foi se deixando levar por uma infelicidade apaziguadora. O atentado terrorista alterou profundamente o significado que ela antes dava às coisas e foi da forma mais tranquila do mundo que ela aceitou sofrer uma quantidade surpreendente de doenças.

Depois de algumas brigas de família com a psicanálise, as teorias do apego acabaram finalmente pondo os pés na biologia. E, tal como Freud desejava, ajudam hoje a entender como um luto psíquico, não ligado à morte, mas ligado à perda "de uma abstração... a pátria, a liberdade, um ideal..."[49] pode, ao modificar os circuitos cerebrais, provocar doenças orgânicas.

"O comportamento de luto é concebido como uma série de 'condutas de apego': choros, agitação, busca do objeto perdido... conservação da memória para manter a pessoa viva dentro de si... depois redefinir a relação com o falecido..."[50] Em suma, o trabalho de luto consiste em manter um vínculo com o ser perdido, modificando nossa maneira de amá-lo.

Biologia da perda afetiva

Em todos os seres vivos em que o sofrimento encefalizado já não se contenta com a dor reflexa que passa pela medula espinhal, a perda real de um próximo é processada da mesma maneira que a degradação de uma representação. Quando um

....

49. Freud, S. (1915-1917), *Œuvres complètes, Deuil et melancolie*, t. XIII, tradução francesa, J. Altounian, A. Bourguignon, Paris, PUF, 1994.

50. Bourgeois, M.-L., *Deuil normal, deuil pathologique*, Paris, Doin, 2003, p. 13.

macaco ou um elefante perdem um ser familiar, sofrem com a modificação de seu meio doravante privado de uma figura de apego. Mas quando, alguns anos depois, eles voltam ao local da morte, cobrem o esqueleto com folhas e manifestam sinais comportamentais da tristeza, pode-se pensar que estão respondendo à representação de uma realidade passada e não mais a uma percepção presente. As dosagens biológicas revelam que esse desespero está correlacionado com um forte aumento do cortisol sanguíneo, que demonstra que o alerta biológico não foi provocado pela percepção do cadáver (que, aliás, já não está lá), mas pela memória do"ente querido desaparecido", evocada simplesmente pelo local onde ele morreu.

Quando passou a ser possível realizar eletroencefalogramas, eles mostraram a antecipação do sono paradoxal que pode ser notado em todos os infelizes, seja de que espécie forem (homem, cachorro ou macaco). A tristeza impede o prazer de se entregar ao torpor dos primeiros estágios do adormecimento. Os enlutados só conseguem cair no sono quando estão esgotados, encurtando assim as fases lentas iniciais. Esse adiantamento do sono rápido, que intervém aos quinze ou vinte minutos após o adormecimento em vez dos noventa minutos habituais no homem, encurta o estágio das ondas lentas que constituem o estímulo bioéletrico dos núcleos cinzentos da base do cérebro. Estes secretam portanto menos hormônios de crescimento e hormônios sexuais. As taxas de ocitocina e de prolactina também são reduzidas, demonstrando uma fraca aptidão do organismo para desfrutar da vida, porque os músculos receptores desses hormônios já não estão suficientemente embebidos para provocar uma tensão física agradável.

Num macaco ou num elefante, o mero fato de ver o local onde um ser de apego desapareceu faz a tristeza voltar. É fácil imaginar então que, num ser humano, cujo mundo interior está repleto de representações, esse tipo de sofrimento retorna ante o menor indício que lembre o falecido e ante o menor ritual inventado para fazer pensar nele. A cada aniversário, o simples fato de lembrar do falecido provoca uma emoção. A percepção de um objeto ou de um acontecimento cultural que evoque o desaparecido basta para provocar reações emocionais cujo impacto biológico é incomensurável: "[...] a memória do acontecimento pode gerar um estresse pós-traumático, a resposta imunológica pode se transformar em alergia e a resposta normal à dor converter-se em dor crônica."[51] Nos estados de tristeza provocados por uma perda afetiva real ou pela representação dessa perda, nota-se uma queda na taxa de linfócitos e uma produção de anticorpos que explicam a alergia tão frequente nesses casos. O aumento do cortisol e das catecolaminas alerta o complexo amigdaloide, que é um de seus receptores privilegiados. A menor informação é sentida como um perigo.

A viuvez é uma situação em que se pode avaliar o efeito biológico de uma perda afetiva. Na França, existem quase 5 milhões de pessoas que perderam o cônjuge, sobretudo viúvas. Os homens sobreviventes não suportam a vida sem elas. Muitas doenças cardíacas aparecem nos meses que se seguem à perda. Constata-se também um pico de cânceres, de diabetes e de doenças pulmonares. Não é o caso de dizer que o casamento protege da gripe, e sim de pensar que a estabilidade afetiva provoca uma regularidade dos metabolismos que a viuvez desequilibra. A imunodepressão, atribuível ao estresse e à tristeza, defende menos o organismo contra as infecções.

Mitos e biologia da perda

Pelo estilo de apego que caracterizava o casal pode-se prever o sofrimento da viuvez. Os casais fusionais, em que cada um servia de base de segurança única para o outro, conhecerão uma solidão dolorosa. Como o hiperapego é quase sempre prova de um vínculo inseguro em que a presença do outro é indispensá-

....

51. Mosca, D. L.; Banchero, M., "Stress post-traumatique, allergie et douleur chronique. Pathologies comorbides ou interchangeables?", *Stress et Trauma*, 6 (1), 2006, pp. 35-40.

vel, o desaparecimento do amado provoca um rompimento traumático tão grave quanto o do bebê que perde a mãe. Os metabolismos desregulados e a desorganização do mundo percebido tornam difícil o remanejamento afetivo do trabalho de luto. O organismo já não está protegido contra as doenças. A confusão mental e o desinteresse explicam o alto número de acidentes entre os viúvos de antigos casais fusionais.

Inversamente, os apegos ambivalentes em que os desentendimentos envenenam a vida cotidiana compõem a coorte daqueles cuja viuvez é menos dolorosa[52]. Às vezes, algumas pessoas idosas, ansiosas ante a ideia de perder o cônjuge, ficam espantadas quando não sofrem com sua perda real. Outras, que imaginavam ficar aliviadas com o desaparecimento do cônjuge conflituoso, ficam desconcertadas com seu sofrimento inesperado. Assim chama a atenção a ambivalência, mesmo depois da morte, em que o vínculo afetivo com o falecido persiste mas se modifica.

O escândalo é ainda maior quando se descobre que os homens que não sofrem com a perda da mulher tornam-se velhinhos encantadores![53] Seriam eles pessoas que transportam muita serotonina, o que os tornaria pouco sensíveis à perda afetiva? Será que foram dominados por uma mulher que não amaram muito, o que lhes possibilitou não sofrer com sua perda? De modo geral, os viúvos se suicidam mais que as viúvas, mas menos que os solteiros, homens e mulheres[54].

A reunião desses dados permite dizer que o casal tem um efeito protetor contra a depressão e a doença. Ora, são as leis sociais, as crenças e a tecnologia que estruturam as famílias onde circula o afeto. Algumas décadas atrás, na França, o luto era ao mesmo tempo familiar e coletivo. O corpo do falecido era exposto, os passantes faziam o sinal-da-cruz ao longo do cortejo e os sinos tocavam quando a família o sepultava. Neste começo

....

52. Parkes, C. M.; Weiss, R. S., *Recovery from Bereavement*, Nova York, Basic Books, 1993.

53. Clayton, P. J.; Halikas, J. A.; Maurice, W. L., "The depression of widowhood", *British Journal of Psychiatry*, 120, 1972, pp. 71-8.

54. Bourgeois, M.-L., *op. cit.*, p. 82.

de século XXI, o ritual se modificou: os amigos se reúnem para dizer "adeus" e confortam os familiares em cujas casas as pessoas se encontram para "tomar um trago".

A perda é uma percepção da falta que depende do temperamento da pessoa e de sua relação com o morto. O luto, por sua vez, é uma representação da falta que depende do entorno familiar e cultural. A perda é irremediável, ao passo que o luto evolui como um trauma, dependendo do que com ele fizerem a família e a cultura. As consequências sentimentais e as modificações biológicas dos enlutados dependem da confluência de todos esses fatores e não de uma única causa que explicaria tudo.

Mediante esse modo de formular a questão pode-se entender por que uma perda precoce induz um distúrbio desenvolvimental quando perturba o ambiente sensorial da criança, num momento em que ela ainda não é capaz de fazer um trabalho de luto. Nesse estágio, porém, o restabelecimento de um meio sensorial análogo àquele que a mãe oferecia possibilita uma retomada de desenvolvimento resiliente[55]. O distúrbio biológico e a aquisição de um estilo de desenvolvimento adaptado à perda sensorial da mãe só provocam distúrbios definitivos se a cultura deixa a criança sozinha. Pode-se, ao contrário, desencadear um processo de resiliência se a cultura diz que o luto de uma criança pode ser reparado por um substituto. O discurso cultural organiza então o envoltório sensorial que favorece a retomada de um desenvolvimento resiliente.

Quando os protestos de um orfãozinho são interpretados como prova de seu mau caráter, os adultos, acreditando educar a criança, isolam-na e a punem. A criança de fato se acalma, porque incorporou na memória um desespero aprendido. No longo prazo irá se adaptar, graças à indiferença afetiva que lhe possibilita sofrer menos[56]. Portanto, o sofrimento é mais sadio que a in-

....

55. Klass, D.; Silverman, P. R.; Nickman, S. L. (orgs.), *Continuing Bonds: New Understandings of Grief*, Washington D. C., Taylor and Francis, 1996.

56. Fraley, R. C.; Shaver, P., "Loss and bereavement. Attachment theory and recent controversies concerning 'grief word' and the nature of detachment", *in* J. Cassidy, P. R. Shaver, *op. cit.*, p. 736.

diferença que o entorno suporta melhor. Depois de um período de distúrbios do sono, de dificuldades alimentares, de explosões relacionais e de dolorosas tristezas, a criança se sente menos mal quando é vencida pela indiferença[57]. Essa adaptação é uma antirresiliência, pois impede as relações afetivas e sociais.

Quando um organismo aprendeu a sofrer, dá a todo acontecimento e a todo encontro uma conotação dolorida que explica a facilidade das recaídas depressivas, quatro vezes mais frequentes nos órfãos precoces do que na população em geral[58]. É preciso desconfiar da expressão do sofrimento; aqueles que mais o exprimem não são os mais alterados, pois ainda têm forças para manifestá-lo. Aqueles que demonstram um abatimento afetivo perturbam menos o entorno, mas dão provas de uma agonia psíquica. A solução que possibilitará a retomada de um desenvolvimento se encontra mais na cultura do que no sujeito. Os neurotransmissores arruinados e os hormônios secos dão à sobrevivência um gosto de tristeza, porque um estereótipo cultural disse que era preciso educar essas crianças ou isolá-las por causa de sua ingratidão: "Depois de tudo o que fizemos por elas."

Nossa cultura confundiu carência afetiva com trabalho de luto. O desamparo é recuperável quando o meio reorganiza estimulações sensoriais. O trabalho de luto é parecido com o mito: é ele que prescreve os ritos que envolvem um órfão ou um enlutado, estruturando assim o ambiente sensorial que age sobre seu cérebro.

57. Klas, D., "Solace and immortality: bereaved parents continuing bonds with their children", *Death Studies*, 17, 1993, pp. 343-6.

58. Wortman, C. B.; Silver, R. C., "The myth of coping with loss", *Journal of Consulting and Clinical Psychology*, 57, 1989, pp. 349-57.

Capítulo III
Os dois inconscientes

Os cavalos do inconsciente

Acabamos agora mesmo de tomar consciência do inconsciente. Parece que no século XVII Leibniz falava das "pequenas percepções de que não temos consciência"[1]. No século XIX, o romantismo nos mergulhou nos "reinos crepusculares da consciência" (Coleridge), no "além do psiquismo" (Goethe), nos "recantos secretos do coração e das sombras espirituais onde o sol jamais penetra" (Woodworth)[2]. De fato, o conceito de inconsciente deve bastante a Carl Gustav Carus, professor de zoologia da Universidade de Viena, que, em 1850, escreveu um livro intitulado *Das Unbewusste* [O inconsciente]. Nele, o autor afirmava que os animais sabem, mas não sabem que sabem. Falava da vida da alma e explicava que entre a consciência clara e o inconsciente absoluto que conhecemos sob o nome de Natureza um inconsciente relativo permitia enviar algumas sondas exploradoras. Na mesma época, von Hartmann escrevia a sua *Philosophie de l'inconscient* (1869) [Filosofia do inconsciente], em que distinguia o inconsciente na vida corporal e o inconsciente

....

1. Fillioux, J.-C., *L'Inconscient*, Paris, PUF, "Que sais-je?", 1954.
2. Gay, P., *Freud. Une vie*, Paris, Hachette, 1991, p. 421.

no espírito humano. A partir dessa corrente de ideias fortemente inspiradas por Nietzsche e Schopenhauer, muitas teses foram proferidas para defender o conceito de inconsciente e de subconsciente[3]. Na segunda metade do século XIX, alguns filósofos ousados já pensavam que um psiquismo das profundezas, inacessível à consciência, nos governava sem que soubéssemos, mas que se podia ter acesso a ele graças a alguns emissários tais como a análise dos sonhos que provocava a irrupção do inconsciente no consciente.

No entanto, é certo que sem Freud essas intuições teriam continuado apaixonantes mas dispersas. Graças à descoberta do recalcamento, que consiste em se impedir de tomar consciência de uma representação afetivamente insuportável, a psicanálise nos convidou a refletir sobre os mecanismos de defesa que dele derivam e fazem emergir a angústia e seus sintomas[4].

Nas últimas duas décadas, porém, os progressos das neurociências e da neuroimagem lançaram uma nova luz sobre esse antigo problema. Os cavalos alados de Platão que puxam ao mesmo tempo o tirante da alma em direções opostas ou o espírito de Adão dividido entre duas pulsões contrárias, uma que aspira ao divino enquanto a outra arrasta para os poderes obscuros da carne, podem hoje ser estudados graças ao inconsciente cognitivo associado e oposto ao inconsciente freudiano.

Tentado por essa abordagem, Freud quis escrever uma "Psicologia para uso dos neurologistas"[5], mas depois deixou seu manuscrito de lado, provavelmente porque os conhecimentos neurobiológicos de sua época lhe pareciam insuficientes. Foi Marie Bonaparte quem convenceu Anna Freud a publicar aquele projeto. Depois, nossa cultura ocidental nos levou a raciocinar

....

3. Colsenet, E., *Études sur la vie subconsciente de l'esprit*, 1880, citado *in* J.-C. Fillioux, *op. cit.*, p. 12.

4. Freud, S. (1915), "*Das Unbewusste*", in *Métapsychologie*, Paris, Gallimard, 1952.

5. Freud, S. (1895), "Esquisse d'une psychologie scientifique", *in La Naissance de la psychanalyse. Lettres à Wilhelm Fliess, notes et plans*, Paris, PUF, 1956, pp. 307-96.

como se um corpo material pudesse existir ignorando sua alma imaterial que flutuava no éter. Esse homem cortado em dois, em que cada metade funcionava desprezando a outra, produziu explicações surpreendentes: ao constatarem que um tumor ou um hematoma cerebral perturbava o funcionamento psíquico, os adoradores da matéria concluíram que o homem era governado apenas por seu cérebro, coisa que horrorizou os devotos da alma que, ao constatarem o recalcamento, também deduziram disso que o cérebro não passava de uma porcaria sem relação com o psiquismo. Os cavalos alados de Platão que puxam o tirante da alma em direções opostas fazem-no, contudo, avançar por um mesmo caminho. A neurobiologia moderna lhes dá razão: se você engolir uma substância como a reserpina, sentirá um desespero imotivado, e se engolir uma cápsula de anfetamina vai se sentir eufórico igualmente sem razão. Seja a origem material ou afetiva, é no seu corpo que você sofrerá ou se alegrará e é no seu cérebro que se dará a convergência fenomenológica entre uma substância que estanca a secreção da serotonina, suporte biológico de uma sensação de felicidade, e a perda afetiva que faz esse neurotransmissor cair exatamente da mesma forma. Portanto, para sofrer menos você pode engolir um antidepressivo que faz a secreção das monoaminas voltar a subir, ou encontrar alguém que, por meio de sua relação e de seu talento, conseguirá modificar seus modos de ver e de sentir.

A locução "inconsciente cognitivo" parece ter nascido em 1987 quando neurofisiologistas pesquisaram o poder de "persuasão clandestina das mensagens subliminares"[6]. A primeira vez que empreguei essa expressão num meio de psicanalistas, provoquei três síncopes, duas convulsões e cinco tentativas de assassinato. Em seguida, depois de alguns intercâmbios, muitos reconheceram que essa locução podia designar um outro inconsciente, em que um cavalo cognitivo e um cavalo freudiano puxam, opondo-se, um mesmo tirante num mesmo caminho.

....

6. Kihlstrom, J. F., "The cognitive unconscious", *Science*, vol. 137, 18 de setembro de 1987.

Na época em que Freud se dizia "mais desconfiado que nunca em relação à filosofia", Carl Claus, seu professor de zoologia, o tinha mandado para a estação de biologia marinha de Trieste para estudar o hermafroditismo das enguias (vocês leram bem, é isso mesmo). O jovem Freud dissecou quatrocentos peixes e só encontrou "enguias do sexo frágil", confirmando assim a observação de Syrski, um pesquisador polonês. Mais tarde, conheceu Joseph Breuer no laboratório de neurofisiologia de Ernst Brücke e se lembrou daqueles "humildes peixes" cujas células comparou às do sistema nervoso dos humanos.

Isso lhe permitiu conceber a noção de "fixação-regressão", por analogia com o crescimento e a interrupção de desenvolvimento das células gonádicas daqueles "peixinhos". Publicou em 1877 essa observação no âmbito do Instituto de Zoologia e de Anatomia Comparada da Universidade de Viena[7]. Ao lermos esse trabalho, laureado com o prêmio científico da cidade de Frankfurt (1930) para uma pesquisa naturalista, logo nos vem uma ideia à cabeça: ainda bem que ele descobriu a psicanálise! Contudo, aquele estudo naturalista o preparou para o "Projeto", psicologia para neurologistas, que ele justifica escrevendo que "está longe de pensar que o psicológico flutua no ar sem fundamentos orgânicos"[8].

A palavra "inconsciente" pode portanto designar fenômenos de natureza diferente, oposta e associada como o tirante dos cavalos alados. Freud e Lacan, excelentes neurologistas, teriam ficado felizes de saber o que hoje a neuropsicologia da memória poderia lhes ensinar: "[...] Muito longe de contradizer as teorias psicanalíticas, parece, ao contrário, completá-las."[9] Uma impressão sensorial provinda de um acontecimento exterior

....

7. Kohn, M., "Observation de la conformation de l'organe lobé de l'anguille décrit comme glande germinale mâle", tese de filosofia dedicada aos escritos pré-analíticos de Freud, Paris-X-Nanterre, 1979, *in* P. Fédida, D. Widlöcher, *Les Évolutions. Phylogenèse de l'individuation*, Paris, PUF, 1994, pp. 9-20.

8. Freud a Fliess, 22 de setembro de 1898, *in La Naissance de la psychanalyse*, Paris, PUF, 1956.

9. Lechevalier, B., *Le Corps et le sens*, Genebra, Delachaux e Niestlé, 1998, p. 219.

pode abrir no cérebro um vestígio sem lembrança (inconsciente cognitivo), assim como uma "lembrança pode permanecer inconsciente não quando é esquecida, mas quando o sujeito não consegue avaliar seu alcance"[10] (inconsciente psicanalítico).

O inconsciente cognitivo não sabe que sabe. O inconsciente freudiano dá um jeito de não saber

A clínica neurológica ilustra sem nenhuma dificuldade a existência do inconsciente cognitivo, assim como o tratamento psicanalítico confirma o inconsciente do recalcamento.

Gustave era jardineiro quando um acidente de carro o fez perder a memória. Seu neurologista passeia com ele no campo de golfe onde ele trabalhava. Enquanto conversa, Gustave toma uma direção, segue trilhas, vira em certos entroncamentos e chega... na cabana das ferramentas! Entra e, continuando a conversar, encontra as peças espalhadas de um instrumento para eslagartar que ele monta sem titubear. Conscientemente, afirmava nunca ter vindo àquele clube de golfe e não se lembrar mais de sua profissão, mas seu corpo tinha guardado a memória dos lugares e dos gestos.

É possível até mesmo dar uma interpretação cognitiva do ato falho. Um advogado entra no carro para ir ao escritório, como todas as manhãs. Na hora de partir, dá-se conta de que não consegue dirigir porque, sem perceber, enfiou suas grandes botas de jardinagem[11]. Entende nesse momento que a reunião prevista para aquela manhã o angustia porque, geralmente, ele relaxa fazendo jardinagem. Ao tomar consciência de seu ato falho, é obrigado a reconhecer que vai para o trabalho se arrastando.

Todos nós já tivemos a oportunidade de ouvir um colega chegar no escritório e dizer "até logo" e depois tentar consertar

10. Pommier, G., *Comment les neurosciences démontrent la psychanalyse*, Paris, Flammarion, 2004, p. 220.

11. Baddeley, A., *La Mémoire humaine. Théorie et pratique*, Grenoble, Presses universitaires de Grenoble, 1993, p. 144.

gaguejando rápido qualquer outra coisa. O lapso, ato falho da fala, exprimiu o que seu corpo sentia apesar de sua vontade consciente de não sabê-lo.

Outra prova do inconsciente cognitivo é fornecida pela "memória esboçada". Quando você não consegue se lembrar do nome de alguém que você quer citar, começa sua pesquisa pela musicalidade do nome dele: "Potopop... não, acho que é Patapá... algo assim... três sonoridades, não mais." Procura nas suas impressões um indício fonológico, uma harmonia que possa despertar seus vestígios cerebrais. De repente: "Cavada, pronto, é isso!", e a palavra assim produzida provoca um incrível apaziguamento corporal, porque a sua memória acabou de preencher um vazio. A representação cognitiva que você tem do mundo volta a ser coerente: você é tranquilizado por uma palavra reencontrada!

O inconsciente cognitivo repousa sobre vestígios de memória biológica. Mas essa memória não consciente não concerne ao inconsciente freudiano no qual a evocação não é suportável. No inconsciente cognitivo, não se sabe que se sabe, aprende-se sem saber que se aprende e responde-se sem se dar conta. Já no inconsciente freudiano, a memória biológica fica intacta, a lembrança poderia estar ali, mas damos um jeito para que ela não volte a fim de mantermos uma relação pacífica com nós mesmos, nosso meio e entorno cultura. Sabemos, mas, para ficar em paz, não fazemos nada com esse saber.

Na síndrome de Korsakoff, as conexões neurológicas da memória estão queimadas pelo álcool ou laceradas por um traumatismo. O doente, incapaz, neurologicamente falando, de ir buscar lembranças no seu passado, preenche o buraco de suas representações inventando histórias às vezes engraçadas. Claparède, um pioneiro na pesquisa sobre os distúrbios da memória, inventou um experimento clínico um tanto sádico: toda manhã, apertava a mão dos doentes que padeciam da síndrome de Korsakoff com uma agulha dissimulada na sua palma. Nos dias seguintes, os doentes que tinham sofrido o aperto picante recusavam-se a estender-lhe a mão e inventavam justificações aberrantes: "No meu meio, isso não se faz... estou cansado...

não conheço o senhor o suficiente." Os doentes não picados não hesitavam. Portanto, os amnésicos conseguem aprender, mesmo quando afirmam que não aprenderam nada![12]

O fato de a memória esboçada revelar que se pode aprender a despeito de si próprio talvez explique o poder terapêutico dos jogos de palavra. Um analisando conta que, no seu sonho, estava subindo uma encosta íngreme de bicicleta, enquanto sua mulher o acompanhava confortavelmente instalada num carro conversível. O psicanalista poderia ter interpretado o sonho dizendo que o analisando fazia esforços árduos enquanto sua mulher ficava no bem-bom. Preferiu desconstruir a palavra "bicicleta" e dizer: "Em 'bicyclette', há 'bésicles'[13]: então, quem foi que lhe deu seu primeiro par de óculos?" Funcionou, ou melhor, a coisa rolou para o analisando surpreso, descentrado de suas rotinas de pensamento. Sua memória esboçada pela palavra "bésicles" o orientou com efeito para certa relação que sua mãe fazia com o rosto do filho ao qual desejava dar uma aparência intelectual. Nem todo o mundo é sensível a esse tipo de esboço que faz voltar à consciência um pedaço de passado[14]. O jogo de palavras, Meccano[15] verbal, fez tomar consciência de certa relação que estava na memória do analisando mas com a qual sua consciência não jogava.

Memória sem lembrança nos insetos e nos cientistas

A súbita compreensão dos matemáticos e dos cientistas poderia ser explicada pela irrupção do inconsciente cognitivo. Fica-se flutuando, dando voltas em torno de um problema do qual

....

12. Croisille, B., "Dix mémos sur la mémoire", *Les Dossiers de la Recherche*, nº 22, fevereiro-abril de 2006, p. 22.

13. Ambas as palavras soam parecido; *bésicles* significa óculos redondos em francês, e existem versões, hoje descartadas, de que a etimologia da palavra remetia a *bis cyclus* [duplo círculo], cf. dicionário *Littré*. (N. da T.)

14. Schacter, D. L., *À la recherche de la mémoire, op. cit.*, p. 201.

15. Conhecido jogo de construção inglês composto de peças metálicas. (N. da T.)

não se tem uma representação clara, fica-se incubando e então, de repente, um disparador inesperado dá forma à bruma: "Eureca... entendi!" Foi quando subia num ônibus em Coutances que Poincaré, cansado de um longo trabalho ineficaz, subitamente estabeleceu uma relação entre dois problemas separados. Foi quando sonhou com uma serpente que mordia sua própria cauda que Kekule acordou entendendo ser preciso dar uma forma cíclica a suas análises químicas do benzeno. Foi quase dormindo no cinema que François Jacob pensou na centrífuga de legumes que sua mulher tinha acabado de comprar e, num clarão, entendeu que era assim que poderia separar os núcleos pesados do resto da célula.

Esse inconsciente biológico, traçado no cérebro por uma pressão externa, dá ao organismo uma memória sem lembranças. Nesse sentido, a estampagem etológica pode ser considerada um protótipo de inconsciente cognitivo.

As manipulações experimentais da impregnação dos patinhos tornaram possível descrever um fenômeno fácil de observar: entre a décima terceira e a décima sexta hora após a saída do ovo, a avezinha se apega a qualquer objeto que passar naquele momento pelo seu campo visual. Num átimo, ele adquire uma percepção privilegiada (sua mãe ou qualquer objeto que se mova) para a qual se orientará doravante preferencialmente. Esse objeto, mais bem percebido que qualquer outro, torna-se para ele uma figura de apego cuja presença tranquilizadora lhe permite dar prosseguimento a seus desenvolvimentos biológicos e comportamentais, ao passo que sua ausência bloqueia suas aquisições e provoca distúrbios biológicos[16]. A aquisição pelo organismo de uma atração tranquilizadora e que faz desabrochar se dá de modo fulgurante e duradouro, durante um período preciso em que o corpo secreta um pico de acetilcolina, neurotransmissor da memória[17].

....

16. Lorenz, K., *King Solomon's Ring*, Nova York, Harper Collins, 1979; e Panksepp J., *Affective Neuroscience*, *op. cit.*, pp. 272-5.

17. Chapouthier, G., *Mémoire et cerveau. Biologie de l'apprentissage*, Paris, Le Rocher, 1988; e *Biologie de la mémoire*, Paris, Odile Jacob, 2006.

O fenômeno da estampagem é universal no mundo vivo. Nos insetos, peixes e pássaros, o organismo adquire uma atração preferencial por uma informação simples, um cheiro, uma cor ou uma forma geométrica. Nos mamíferos e primatas (não humanos e humanos), o objeto exterior que se impregna na memória íntima é polissensorial. A partir do momento em que está traçado no cérebro, o filhote percebe esse objeto de estampagem melhor que qualquer outro, o que lhe dá uma referência. Na sua presença tranquilizadora, o mundo se torna excitante, fonte de explorações e aprendizagens. Na sua ausência, o mesmo mundo, as mesmas informações sensoriais externas adquirem um valor de alerta porque a referência apaziguadora já não está ali. E o filhote, inquieto, não consegue aprender mais nada.

Deve-se destacar que o mero fato de o filhote depender de um objeto referente, de um significante biológico, possibilita sua sobrevivência. Quando a mãe está impregnada na memória do filhote, a visão dela, seu cheiro, seus gritos e toques têm por função reduzir a distância e oferecer uma base de segurança a partir da qual passa a ser divertido explorar o mundo.

Durante os dois primeiros meses de vida, um macaquinho rhesus olha intensamente para a mãe, responde instantaneamente a seus gritos e pede para ser limpo ante o menor estresse. As pontes sensoriais que tecem o vínculo de um macaquinho-prego são, por sua vez, diferentes. Não olha para a mãe porque fica agarrado nas costas dela e só escorrega para sua barriga para mamar. O vínculo sensorial de um gatinho é sobretudo sonoro: tão logo ele se afasta de sua base de segurança, a mãe emite uma espécie de doce ronronar ao qual o filhote responde imediatamente aproximando-se dela para brincar de atacar seu rabo ou suas orelhas. Com o desenvolvimento, a dependência mãe-filho desaparece: o macaquinho-prego sai das costas da mãe por volta do quarto mês e, em caso de alerta, joga-se nos braços de um companheiro para se tranquilizar[18]. Os macacos rhesus têm

....

18. Byrne, C. D.; Suomi, S. J., "Activity patterns, social interaction and exploratory behavior in Cebus Cappelle infants from birth to one year of age", *American Journal of Primatology*, 35, 1995, pp. 255-70.

uma estratégia de independência um pouco diferente: são tranquilizados unicamente pela mãe durante quatro meses e se colam ao corpo dela três vezes mais que os macacos-prego. Seus companheiros não têm efeito tranquilizador, somente a dependência materna os tranquiliza até alcançarem a autonomia. Nos gatinhos, observa-se outra estratégia de distanciamento. Por volta do terceiro mês, a dependência assumida pelo ronronar e pelas brincadeiras se transforma em conflito: a mãe ameaça seus filhotes que, rejeitados, são forçados à independência.

Essas observações interespécies colocam vários problemas[19]. John Bowlby concebeu sua teoria do apego a partir das observações de macacos rhesus, de gatinhos e de ratos. Contudo, se Robert Hinde tivesse lhe exposto a etologia do macaco-prego ou de outras espécies que não precisam de apego para se desenvolver, a reflexão do psicanalista não teria sido tão facilitada.

Envoltório sensorial biológico

O método etológico proíbe fazer extrapolações entre um macaco-prego, um macaco rhesus, um gatinho ou qualquer outra espécie. Por que então vocês querem que se extrapole para o homem? Mas esse método comparativo levanta a questão fundamental: "poderia um homem viver sem apego?" O método experimental permite analisar como um vínculo é tecido, perturbado ou rompido e como, às vezes, é possível consertá-lo. Os ratos e os humanos me ajudarão a desenvolver essa ideia.

O envoltório sensorial de um rato é composto de estimulações biológicas que ele não percebe aleatoriamente. Desde seu nascimento, apreende preferencialmente o cheiro e as pressões mecânicas sobre suas costas e seu abdome. Esses determinantes biológicos não o impedem de afiar suas percepções sensoriais. Nos nove primeiros dias de vida, o rato, que vive num mundo de eflúvios, aprende a distinguir o cheiro preciso da mãe,

....

19. Cassidy, J.; Shaver, P. R., *op. cit.*, p. 185.

como se fosse uma assinatura olfativa que a caracteriza. Esse canal sensorial se impregna em sua memória e constitui assim um elemento forte da base de segurança que, exterior a ele, irá modificar seus comportamentos e torná-los ousados, exploratórios. Se, experimentalmente, isolarmos esse rato, a ausência de envoltório sensorial interromperá todos seus desenvolvimentos biológicos. O rato sadio adoecerá porque desestruturaram seu meio. Não conseguirá nem mais digerir o leite que extraíram de sua mãe para lhe dar por pipeta.

A "psicoterapia" consiste então em lhe dar umas batidinhas nas costas e beliscar seu rabo[20]. Muito rapidamente, ele reinicia suas explorações e digere o leite! As estimulações provocadas pelas batidas nas costas e os beliscões são para ele significantes biológicos que ele teria recebido em meio natural quando sua mãe, ao voltar para o ninho, teria pisado ou mordiscado seu rabo para mudá-lo de lugar. Ao lamber vigorosamente seu abdome, ela teria provocado uma ativação elétrica do cérebro que, comunicada ao hipotálamo, teria aumentado sua secreção de norepinefrina, exatamente como fizeram os experimentadores "psicoterapeutas". Considerando que a mãe volta para o ninho vinte vezes por dia, pisando, mordiscando, lambendo e aleitando seus filhotes, ela estimula regularmente o cérebro deles e o torna sensível a esse tipo de informação, constituindo assim um "equivalente funcional da estampagem"[21].

As mães humanas não pisam em seus bebês, mas cercam-nos com um envoltório sensorial composto de brilho dos olhos, de cheiro, de voz e de forma de manipular que constitui um análogo da estampagem. O bebê, assim envolvido por sensorialidades estáveis, impregna-as em sua memória, o que facilita no seu cérebro as sinapses que depois lhe possibilitarão perceber preferencialmente esse tipo de informação. Quando um recém-

....

20. Camp, L. L.; Rudy, J. W., "Changes in the categorization of appetitive and aversive events during post-natal development of the rat", *Development Psychology*, 21, 1988, pp. 25-42.

21. Sullivan, R. M.; Wilson, D. A., "The locus coeruleus norepinefrine and memory in newborns", *Brain Research Bulletin*, 35, 1994, pp. 467-72.

nascido é colocado entre duas bolas de algodão, uma das quais impregnada com o cheiro de uma pessoa desconhecida, ele não reage a ela. Mas, se, nesse momento, esfregarem vigorosamente suas costas como uma mãe teria feito ao lavá-lo, seu cérebro estimulado se impregna rapidamente do novo cheiro, tornando-o assim familiar. E, no dia seguinte, quando o bebê for colocado entre os dois algodões, é para o novo cheiro que ele virará a cabeça e começará a sugar[22].

Envoltório sensorial histórico

No ser humano, o problema é que o envoltório sensorial está fortemente historicizado. Esse raciocínio, que integra a história das representações mentais abstratas e um envoltório sensorial concreto, é um argumento contra-intuitivo. Nossa cultura ao dualismo clivado nos ensinou a raciocinar com categorias separadas em que o cavalo do corpo galopa num mundo e o cavalo da alma em outro. Contudo...

Quando apresentaram à senhora H. a menininha que ela tinha acabado de dar à luz, seu primeiro sentimento foi uma cólera: aquele bebê era lindo, isso era insuportável! A senhora H. debulhou-se em lágrimas diante das parteiras estupefatas. Rejeitou o bebê imediatamente. Teve de se forçar a alimentá-la, fazia sua higiene com modos bruscos e nunca sentia prazer em brincar com ela. Ver uma mãe desesperada porque seu bebê é lindo é aparentemente ilógico. Só é possível compreendê-lo quando se conhece a história dessa mãe e fica-se sabendo que seu primeiro filho nasceu malformado, sem o braço direito, com um braço esquerdo atrofiado. A mãe se apegou àquele bebê ferido da maneira como as pessoas se apegam a um pequeno ser vulnerável. Quando, dois anos depois, viu aparecer um segundo

....

22. Sullivan, R. M.; Taborsky-Barbar, S.; Mendoza, R.; Itino, A.; Leon, M.; Cotman, C.; Payne, T. F.; Lotti, I., "Olfactory classical conditioning in neonates", *Pediatrics*, 87, 1991, pp. 511-8.

bebê com seus dois braços, o que teve foi um sentimento de injustiça! Sua história dolorida e carinhosa com o primeiro filho tornou-a hostil ao segundo, porque a menininha era linda, porque tinha dois braços: que injustiça! Qualquer probleminha da bebê provocava reações agressivas: "Você não pode se queixar. Você tem dois braços." Ao atingir a adolescência, o menino tinha adquirido um apego seguro, apresentava um bom desempenho escolar, rodeado de uma turma de amigos simpáticos que o ajudaram a se socializar apesar de sua deficiência. A menina, rejeitada por causa de sua beleza, estava impregnada de um apego inseguro de criança mal-amada, fugia de casa e fracassava na escola e na sociedade.

No homem, a estampagem não é um determinante absoluto como Lorenz acreditava, porque cada estágio de seu desenvolvimento é governado por determinantes de natureza diferente. Em cada nível do crescimento, o cérebro tem de estabelecer transações com os envoltórios sensoriais, verbais e culturais. A construção do gênero sexual pode ilustrar esse raciocínio integrativo.

No começo, todos os embriões são fêmeas, mas, já nas primeiras semanas, a secreção dos hormônios sexuais começa a diferenciar os corpos e os cérebros[23]. Os futuros órgãos genitais adotam formas específicas e o cérebro se torna sensível a informações que um sexo percebe melhor que o outro. Essa preparação biológica sexualizada encontra uma situação exterior que também é sexualizada pelas representações parentais e pelos mitos culturais.

As pessoas não se dirigem a uma bebezinha do mesmo modo como se dirigem a um bebezinho, compondo assim envoltórios sensoriais diferentes que marcam na criança estampagens dessemelhantes[24]. Alguns anos depois, o desenvolvimento corporal e a formação cerebral deverão se harmonizar com as

....

23. McEwen, B. S.; Alves, S. E., "Estrogen actions in the central nervous system", *Endocrinological Review*, vol. 20, 1999, pp. 279-307.

24. Cyrulnik, B., *Sous le signe du lien*, Paris, Hachette, 1989; e Soubieux, M.-J.; Souk, M., *La Psychiatrie foetale*, Paris, PUF, 2005.

narrativas culturais que dizem como uma menina ou um menino devem se comportar para se conformar à condição social de seu sexo. Doravante, é o mito que organiza os circuitos e dirige a busca das aquisições comportamentais sexuadas: "menino não brinca de boneca... trepar em árvore não é feminino... homem deveria ter vergonha de ter essa profissão de mulher...".

Nesse raciocínio, a construção do gênero, inicialmente biológica sob o efeito de determinantes genéticos e hormonais, vai gradualmente transigindo com o entorno sensorial. Primeiro, as representações parentais organizam o envoltório de significantes que banha a criança, a qual recebe suas estampagens. As mímicas e os gestos dos pais, suas proibições pré-verbais e seus estímulos vêm de sua própria história e da ideia que têm da condição sexual de seu filho. Desde os primeiros anos, a história dos costumes dispõe em torno dos pequeninos os modelos comportamentais aos quais deverão submeter-se sob pena de serem mal aceitos. No começo do século XX, um menino de boa família tinha de usar saias rendadas e cabelos encaracolados à moda inglesa até os sete anos. Em seguida, de repente, raspavam-lhe o cabelo, vestiam-no de homem e ensinavam-lhe a lutar para prepará-lo para as inevitáveis guerras por que teria de passar. Neste início de século XXI, nossas narrativas moralizadoras valorizam antes a paridade. As bebezinhas recebem grandes fitas nos seus três fios de cabelo, os bebezinhos são vestidos com uniformes de combate e então, subitamente, na adolescência, dizem-lhes que não há diferença entre os sexos e que é imoral acreditar na disparidade.

Quando lhe perguntarem: "Quantos sexos existem?", você não poderá mais responder "dois". Se meu raciocínio o/a tiver convencido, você dirá que existem gradientes sexuais que foram construídos sobre fundamentos biológicos, mas dirigidos para formas diferentes, imaginárias e culturais[25]. Você poderá citar o exemplo de Louisette que, com três anos, disse: "Quando eu crescer, vou ser um 'papai'." A gargalhada dos adultos introdu-

....

25. Vidal, C.; Benoit-Browaeys, D., *Cerveau, sexe et pouvoir*, Paris, Belin, 2005.

ziu a infelicidade em sua vida. Seu sexo anatômico já estava dissociado de seu sexo imaginário e, quando ela enchia de papel a calça para se convencer de que podia virar um papai, preparava uma imensa tristeza toda noite quando, ao tirar a roupa, redescobria sua anatomia real.

Certamente ela teria sido menos infeliz entre os inuit do extremo norte do Canadá, para quem o sexo imaginário é mais importante que o sexo anatômico. Basta uma senhora sonhar que um pênis lhe cresceu durante a noite para que todo o mundo ache normal que ao despertar ela se vista de homem e parta para a caça.

O meio enriquecido dos saguis

O imenso número de culturas que podemos inventar com nossas narrativas se conjuga com o número inimaginável de mundos mentais que descobrimos em cada pessoa. Biologicamente falando até, a vida adquiriu uma quantidade fantástica de formas diferentes graças à parte não codificante do genoma[26]. Não conseguimos imaginar tudo, sob pena de ficarmos confusos. Ademais, a vida é tão breve. Então, para dar forma ao mundo e nos tranquilizarmos, descobrimos clarões de verdade que transformamos em generalizações absurdas.

Graças aos sensores técnicos, a neurobiologia fornece um elevado número de instantâneos que, ressaltando a plasticidade do cérebro, modificam nosso olhar sobre os determinismos que são, quase todos, de curto prazo: "Um milhão de bilhões de conexões neurais tornam possível perceber, construir nossas lembranças, mas também saber, decidir e agir."[27] Nossos pensamentos preguiçosos nos convidavam a crer que o cérebro, constituído de uma vez por todas, desgastava-se no transcurso dos

....

26. Devau, G., seminário Lourmarin Janssen-Cibag (17 de dezembro de 2005).

27. Laroche, S., "Comment les neurones stockent les souvenirs", *Les Dossiers de la Recherche*, nº 22, fev.-abr. de 2006.

anos com os acidentes da vida. Os neurologistas tiveram muito trabalho para tornar aceitável a ideia de que um aprendizado espontâneo ou intencional podia alimentar e desenvolver os neurônios. Hoje, os cientistas aceitam sem dificuldade a ideia de que as células do hipocampo, as mais sensíveis às experiências emocionais, modificam a eficácia das sinapses, melhoram-nas ou alteram-nas, de acordo com o modo como o meio as treina.

Os saguis criados em meios enriquecidos por galhos, concavidades e cascatas para explorar e recantos para se esconder desenvolveram um hipocampo e um córtex pré-frontal repleto de dendritos e de corpos celulares, de prolongamentos nervosos e de substâncias condutoras do influxo. Os macaquinhos da mesma espécie criados em meios empobrecidos têm dendritos menos longos e proteínas sinápticas menos abundantes, o que explica a atrofia de certas zonas cerebrais e a lentidão nas aquisições cognitivas.

Quando uma mãe rato lambe o abdome de seu filhote, ela estimula ao mesmo tempo seu cérebro e seus reflexos digestivos. Algumas semanas depois, a mesma interação já não terá o mesmo efeito, porque a sinaptogênese fulgurante do princípio da vida fica rapidamente mais lenta no rato e o torna menos sensível à mesma informação de lambida. Uma estimulação externa nutre o cérebro aumentando assim suas conexões, como um músculo que engrossa quando o exercitamos. Os circuitos sinápticos estabilizados incham o cérebro e avivam o processamento das informações[28]. Mas um cérebro não se informa com qualquer coisa. Nutre-se das estimulações de que estava ávido: uma abelha enlouquece com cheiros e ultravioletas, um elefante com infrassons e um bebê com carícias e fonemas, pequenos elementos sonoros da linguagem articulada que já o fazem viver num mundo sensorial orientado para a fala. Uma vez moldado pela estampagem de seu meio, o cérebro se alimenta das infor-

....

28. Siegel, D. J.; Hartzell, M., *Parenting from the Inside Out: How a Deeper-Self-Understanding Can Help You Raise Children who Thrive*, Nova York, Penguin Putnam, 2003.

mações biológicas às quais seus encontros precoces o tornaram preferencialmente sensível. Isso posto, tentem deslindar o problema do inato e do adquirido!

A morfometria cerebral está hoje bem afiada. Permite medir a profundidade dos sulcos e das circunvoluções cerebrais graças à ressonância magnética (IRM) em três dimensões. Com as fotos, pode-se estudar a variação das estruturas que se instalam antes do nascimento e começam a sofrer o poder modelador do ambiente[29]. Com esse método, pode-se estudar com precisão a variação de consumo de energia do córtex. As imagens quantificadas produzem um número representado por uma cor sobre a foto da tomografia: quando uma zona cerebral consome muita glicose por minuto e por centímetro quadrado porque está funcionando intensamente, essa parte do córtex "se acende" em amarelo ou vermelho. E quando está sendo pouco utilizada, fica preta ou azul. Conforme o tipo de sofrimento psicológico, o mapa cerebral adota cores variadas. Os lobos pré-frontais dos esquizofrênicos permanecem no azul e quase não funcionam, ao passo que os sujeitos sadios os fazem passar para o vermelho, revelando assim sua disposição de espírito para antecipar e para buscar constantemente objetos e projetos para realizar. Os deprimidos melancólicos apresentam uma hipofrontalidade mais marcada à esquerda, demonstrando com essa imagem que não têm vontade de falar. De fato, a região frontal inferior esquerda* se acende quando uma pessoa destra se dispõe a falar. E, se por motivos de doença, de vida difícil ou de relações perturbadas, esta pessoa já não está com disposição para falar, seu estado anímico deixa de provocar o aumento de consumo da glicose energética no seu lobo frontal esquerdo.

É tão certo que o cérebro é consequência de um estado anímico quanto é certo que o estado anímico pode ser a consequência do cérebro: é tão inevitável que um isolamento afetivo

....

29. Martinot, J.-L., "Apport de l'imagerie cérébrale dans la plasticité liée à la dépression: à propos de deux exemples", *Culture Psy-Neurosciences*, nº 1, 2005, pp. 4-5.

apague os dois lobos pré-frontais quanto é inevitável que uma alteração orgânica desses dois lobos apague qualquer estado anímico. Os dois cavalos alados, outra vez!

O sonho dos cegos

Para explicar como funciona o inconsciente cognitivo, podemos indagar como sonham os cegos. Já que a maioria de nossos sonhos está cheia de imagens e de fortes emoções, como eles fazem para produzir imagens oníricas? Este é um problema importante, porque nós, até mesmo os homens de ação, passamos um terço de nossa vida sonhando numa cama. Aliás, o sonho é uma ação imóvel que corresponde a um momento em que nosso cérebro consome uma enorme quantidade de energia curto-circuitando os músculos do corpo que, no momento do sonho, ficam completamente flácidos. É fácil fazer uma IRM ou um EEG[30] num sujeito adormecido. Na IRM, é fácil ver as zonas occipitais que processam as informações com as quais fazemos imagens passarem para o vermelho no sonhador. No EEG, após um breve estado crepuscular de adormecimento, vemos sem nenhuma dificuldade aparecerem amplas ondas elétricas lentas que precedem o alerta cerebral no momento em que o corpo está flácido e profundamente adormecido. As figuras visuais que surgem nesse momento desenham nossas emoções pouco conscientes, revelando assim sob forma de imagens simbólicas os problemas que tínhamos enterrado quando estávamos em estado de vigília. Um acontecimento real abriu um circuito cerebral não consciente que, sob o efeito do alerta elétrico desencadeado por ocasião do sono pela estimulação de um núcleo do tronco cerebral[31], desperta esses vestígios cognitivos e provoca uma imagem.

....

30. EEG: eletroencefalograma.

31. Dement, W. C., *Dormir, rêver*, Paris, Seuil, 1981, e Peretz L., *Le Monde du sommeil*, Paris, Odile Jacob, 1998.

Os cegos de nascença confirmam essa explicação quando nos explicam que sonham sem imagens. Veem tão-somente cores, arcos elétricos e rendas luminosas, como quando pressionamos nossos globos oculares. Como as informações visuais do dia anterior não abriram caminhos no córtex ocipital deles, nenhuma imagem pode ser despertada por seus sonhos.

As pessoas que perderam a vista antes dos cinco anos de idade veem, ao sonhar, quadros abstratos um pouco mais elaborados que os arcos e pontos luminosos dos cegos de nascença. Só quando perderam a vista depois dos sete anos os cegos conseguem sonhar com imagens impregnadas em seu córtex ocipital.

As que ficam cegas na idade adulta ou na velhice não só têm sonhos cheios de imagens como têm frequentemente alucinações visuais... apesar de cegas![32]

A IRM coloca uma outra questão: quanto menos imagens o lobo ocipital fabrica, como é o caso das pessoas que veem mal, mais consome a energia que ativa a parte posterior do cérebro. Um sujeito sadio que percebe com precisão os comprimentos de onda visuais que seu cérebro reorganiza em imagens consome justo a energia de que precisa para colocar em jogo a ponta extrema do lobo ocipital que vemos sob a forma de pequena mancha vermelha*.

Nos cegos, a imprecisão do processamento da informação e o grande consumo de energia permitem ir buscar em outras zonas cerebrais algumas informações compensatórias. É por isso que uma imagem mal processada, que se espalha até a parte anterior do lobo ocipital, encontra as zonas do lobo parietal que em geral processam as informações do tato. Esses circuitos compensatórios se estabelecem rapidamente e explicam por quê, quando um cego lê em braile, apalpando um livro, é sua zona ocipital que se acende como se ele visse imagens: o tato hipertrofiado tomou o lugar da visão deficiente. A resiliência, de fato, é em primeiro lugar neuronal.

....

32. Lebon, O., citado *in* N. Daki, "Rêve et cécité: une question de sens", *Le Monde de l'inteligence*, jan.-fev. de 2006.

Tive a oportunidade de fazer uma experimentação no escuro absoluto e fiquei surpreso com minha nova maneira de perceber em mim e à minha volta um mundo sensorial instantaneamente diferente. Claro que não tinha coragem de andar e foi preciso me ajudar. Tão logo me dirigiram a palavra, não tive outra alternativa senão esticar a orelha, e essa postura de imobilização suprimiu todas as sincronias mímicas e gestuais de minhas conversas. Eu me tornara uma orelha. Tinha me tornado um nariz também, pois bastou um colega abrir uma garrafa para eu sentir de imediato, muito fortemente, um cheiro de ácido acético! No escuro absoluto, aquele bom vinho tinha um perfume de vinagre, o que me fez entender que também bebemos com os olhos. E eu tinha me tornado um captador de calor, pois, quando o sujeito que abriu a garrafa passou por trás de mim, senti, como se fosse uma evidência palpável, o calor de seu corpo, seu volume e sua distância em relação a mim. O gosto dos alimentos tinha mudado no escuro: eu apalpava com meu nariz, farejava a febre dos outros e percebia com acuidade o menor tremor em suas vozes. Bastou a luz voltar, muito lentamente, para que meu envoltório sensorial perdesse essa capacidade de compensação. Pensei nos autistas ou nos superdotados que associam facilmente as cores e os sons, a música e os cheiros, e acham que a fala é um objeto sensorial. Será que existe um modo de programar, de facilitar, de traçar de novo os circuitos cerebrais? A plasticidade cerebral é maior do que imaginávamos, mas não é infinita.

É possível hoje fazer raciocínios que integrem os dados científicos em vez de opô-los.

– É um núcleo do tronco cerebral que desencadeia o sono paradoxal (sono de alerta, quando o corpo está isolado do mundo exterior). O determinante é claramente genético, visto que cada espécie dorme à sua maneira, segundo seu código. Certas doenças do sono, comuns a cães e humanos que adormecem em sobressalto a cada emoção forte[33], são transmitidas geneticamente.

....

33. Derouesné, C., *Pratique neurologique. Narcolepsie, maladie de Gélineau*, Paris, Flammarion, "Médecine", 1983, pp. 167-8.

– Depois, a estampagem cerebral proveniente do mundo exterior criou no cérebro circuitos neuronais que explicam os vestígios de memória sem lembrança.

– No momento dos alertas cerebrais do sono, as ondas bioelétricas passam mais facilmente por esses circuitos já traçados pela estampagem dos acontecimentos dos dias anteriores. Essa estimulação eletroquímica produz então as imagens, as cores, os sons e as emoções fortes do sonho.

– Por ocasião de nosso despertar consciente, podemos tentar lembrar dessas estranhas tramas noturnas, testemunhas do despertar dos vestígios e reveladoras do que não estava consciente.

– Basta então elaborar essas tramas, fazer com elas um trabalho verbal, para integrá-las à nossa vida cotidiana e descobrir uma parte inconsciente, como nos ensinou Freud[34].

Suprimam um único ponto desse sistema e todo o conjunto desmorona: sem tronco cerebral e sem neurotransmissores, com o que vocês poderiam sonhar? Sem facilitação sináptica e sem estampagem do mundo exterior, sobre o que vocês poderiam sonhar? Sem imagem e sem emoção, por que sonhariam? E sem relato dirigido a um outro, que fariam com seus sonhos?

A estampagem sexual

A ocitocina, a vasopressina e os opioides desempenham um papel central na estampagem e no estilo de socialização[35]. Para um pintinho, uma separação provoca um tamanho desespero comportamental, tamanha agitação que ele se torna incapaz de se socializar (no sentido pintinho desse termo, que consiste em aprender os rituais de interação de sua espécie). Basta injetar nele um pouco dessas substâncias para fazer dele um pintinho que não sofrerá com a perda, não terá necessidade de figura de apego e se socializará mal, com a maior euforia do mundo.

....

34. Freud, S., *Le rêve et son interprétation*, Paris, Gallimard, 1925.
35. Panksepp, J., *Affective Neuroscience*, *op. cit.*, pp. 272-5.

O que dá à mãe galinha um status sensorial, um destaque de figura de apego é a associação da angústia da perda com o apaziguamento do reencontro. O pintinho serve-se dela como uma base de segurança a partir da qual ele adquire o prazer de se socializar: foi um par de opostos que lhe ensinou essa agradável competência. Os cavalos alados, outra vez, até no pintinho!

Nas neuroimagens, vemos então a ocitocina se espalhar pelas "áreas da felicidade": a área do cíngulo anterior da face interna do córtex, a área pré-óptica do teto do diencéfalo, o núcleo dorsomedial do tálamo e a área cinzenta periaquedutal que leva ao tronco cerebral*[36].

Tanto no homem como na mulher, a ocitocina é secretada pelos núcleos do hipotálamo posterior*, de onde vai para o sangue via hipófise. É uma relação humana que estimula a emissão desse neuro-hormônio, cujos receptores corporais são diferentes no homem e na mulher. No momento de uma relação sexual, os parceiros secretam muita ocitocina, que os torna eufóricos e sensíveis um ao outro, criando assim um período propício à estampagem mútua: quando nos amamos, nos aprendemos de cor. Nas mulheres, o parto, que não é obrigatoriamente um instante de prazer, provoca ao mesmo tempo um forte aumento de ocitocina euforizante. Será por isso que elas dizem tão frequentemente que aquele momento de dor é um dos momentos mais felizes de suas vidas? Lembro-me de uma senhora que berrava durante o parto suplicando para que parassem com a tortura e que, uma hora depois, calma e toda arrumada, explicava aos pais que tudo tinha corrido bem! O sentido que ela atribuía *a posteriori* ao fato de ter dado à luz um bebê se somava aos opioides para modificar quase de imediato a representação da dor passada e fazer dela um relato feliz.

Quando ela dá o seio, a sucção do mamilo provoca por sua vez um aumento de ocitocina e uma contração do útero[37], como

36. *Ibid.*, p. 272.
37. McNeilly, A. S.; Robinson, I. C., "Release of oxytocine and prolactin response to suckling", *British Medical Journal*, 286, 1983, pp. 257-9.

em qualquer ato de amor. Nem mesmo a história da mulher está separada da secreção desse neuro-hormônio: quando compartilha um prazer com o homem que ama, secreta colecistoquinina que aumenta seu bem-estar. A mera percepção daquele com quem ela conjuga seu gozo aumenta o prazer de suas estimulações. Isso provavelmente explica por que a masturbação provoca uma secreção de ocitocina menos elevada que um verdadeiro encontro sexual[38].

Efeito biológico da fala

Para coroar o todo, o efeito afetivo da fala, ao provocar emoções de tristeza, de alegria, de surpresa ou de apaziguamento, também induz modificações biológicas. Trinta pacientes foram submetidos a uma IRM durante sua depressão e a um controle após um ano de evolução. No momento da depressão, não havia diferença entre os hipocampos das pessoas doentes e um grupo de controle de trinta pessoas felizes. Em contrapartida, "um ano depois, aqueles que ainda estavam doentes tinham uma redução significativa das células de seu hipocampo"[39], ao passo que aqueles que tinham falado e às vezes tomado medicamentos não apresentavam a atrofia. A interpretação biológica e psicológica dessas imagens é hoje possível: aqueles que sofreram sem poder controlar suas emoções secretaram cortisol em excesso de maneira crônica. As paredes das células do hipocampo, muito sensíveis a essa substância, ficaram edemaciadas. Os canais dilatados da parede deixaram entrar cálcio demais que, invertendo o gradiente iônico, inchou as células até elas explodirem. Em contraposição, aqueles que controlaram a emoção com a ajuda de um psicoterapeuta ou de um medicamento, fazendo relatos

....

38. Odent, M., *The Scientification of Love*, Londres-Nova York, Free Association Books, 1999.

39. Frool, T.; Meisenzahl, E. M.; Zetzche, T., "Hippocampal and amygdalo changes in patients with major depressive disorder and healthy control during a 1-year follow up", *Journal Clinical Psychiatry*, 65, 2004, pp. 492-9.

e teorias para tentar analisar as razões de seu sofrimento, sem ruminar, isto é, tomando distância e estabelecendo uma relação afetiva com um outro, aprenderam a controlar seu mal-estar, pouco a pouco, palavra por palavra, um afeto depois do outro, uma molécula depois da outra, o que diminuiu sua taxa de cortisol e evitou que as células do hipocampo explodissem.

Tudo o que consegue vencer a biologia do sofrimento provocado por uma percepção ou uma representação acalma os pacientes e age sobre seu déficit de BDNF[40]. Portanto, a atrofia é reversível, já que agindo sobre qualquer ponto do sistema relacional, sobre a célula nervosa, sobre o modo de "ver as coisas" ou sobre o meio consegue-se fazer com que seja retomada a secreção desse fator que alimenta o cérebro. Quando a narração devolve coerência ao mundo perturbado, quando a relação instaura um vínculo tranquilizador, a sinaptização recomeça.

O efeito mágico da fala se explica pela biologia!

Memória pré-histórica e lembranças proibidas

O grande problema a destrinçar será o da diferença entre o inconsciente dos psicanalistas e o não-consciente dos cognitivistas. No modelo hidráulico freudiano, as forças em ebulição oriundas das pulsões do Isso são insuportáveis para o sujeito porque não são aceitáveis para seu meio. Então, ele as aprisiona graças ao Supereu, e dessa repressão é que nascem os sintomas que escapam pela válvula do Eu[41].

O não-consciente do apego não provém de um conflito intrapsíquico. Está enraizado num par de opostos em que o medo do mundo externo desconhecido ressalta o efeito apaziguador de uma figura conhecida e provoca o apego. Sem pavor do des-

....

40. BDNF: *brain derived neurotrophic factor* = substância que nutre as células do cérebro, *in* J.-P. Olié, "De la neuroplasticité à la clinique de la dépression", *Culture Psy-Neurosciences*, nº 1, 2005.

41. Cyrulnik, B.; Duval, P. (orgs.), *Psychanalyse et Résilience*, Paris, Odile Jacob, 2006, p. 9.

conhecido associado à familiaridade tranquilizadora, o apego não se tece. Uma criança privada de base de segurança não tem a quem se apegar. Assim como aquela privada de pavor não tem motivo para se apegar. O conflito não é intrapsíquico, a guerra se desenrola entre um mundo externo que se impregna sob a forma de vestígios cerebrais no mundo interno do sujeito. Essa memória sem lembranças cria em nós sensibilidades preferenciais e habilidades relacionais não conscientes, uma espécie de memória do corpo. Pode-se considerar que esses vestígios, a primeira facilitação de que falava Freud[42], são "de tipo invasivo, traumático. Ela se dá pela ação de excitações fortes vindas de fora"[43]. Essa memória pré-histórica não necessita do recalcamento para impedir as lembranças. As evocações não estão proibidas de vir à consciência porque, nesse estágio do desenvolvimento, a estampagem é sináptica, em plena matéria cerebral. Próxima do que os neurologistas chamam hoje de "memória implícita" ou pré-consciente, é uma memória biológica à qual Freud não se oporia, ele que falou claramente do "sepultamento das percepções [...] [em que] a superfície primeira de inscrição se torna o núcleo do psiquismo"[44]. O contexto científico do começo do século XX não lhe fornecia a noção de sinapse que o teria ajudado a precisar seu pensamento. Mas seus conhecimentos de neurologia e suas leituras de Darwin lhe permitiam aproximar-se da noção de estampagem em que: "Para o psiquismo, a biologia cumpre o papel de base rochosa subjacente..."[45]

Existem portanto dois tipos de memórias inconscientes: uma sem lembranças possíveis, a outra sem lembranças recordadas. Uma memória impregnada na "rocha do biológico" caracteriza o inconsciente cognitivo. É constituída de restos mnê-

....

42. Freud, S. (1895), "Esquisse d'une psychologie scientifique", *in La Naissance de la psychanalyse, op. cit.*, pp. 307-96; e Freud S. (1920), "Au-delà du principe de plaisir", *in Essai de psychanalyse*, Paris, Payot, 1951, pp. 5-75.

43. Roussillon, R., *Le Plaisir et la Répétition. Théorie du processus psychique*, Paris, Dunod, 2001, p. 121.

44. Freud, S. (1920), "Au-delà du principe de plaisir", *op. cit.*

45. Freud, S., "Analyse terminée et analyse interminable", *Revue française de psychanalyse*, nº 1, 1937, pp. 3-38.

micos oriundos de informações externas, dá ao mundo percebido uma conotação afetiva, é pré-psicanalítica. A outra memória é constituída de lembranças não utilizadas a fim de não alterar a autoimagem e não arriscar alguma rejeição relacional. É psicanalítica e poderia definir o recalcamento. O inconsciente cognitivo dá um gosto ao mundo, e o inconsciente freudiano, ao impedir certas lembranças de virem à consciência, explica por que muitas pessoas estão submetidas à repetição. São "duas lógicas de inscrição diferentes"[46] que no entanto participam da construção do mundo psíquico de uma mesma pessoa.

Os cavalos opostos

O problema agora consiste em se perguntar como esses dois inconscientes conseguem se coordenar para puxar uma mesma carruagem.

O simples fato de lamber o ventre de um cachorrinho, imediatamente após seu nascimento, desencadeia a expulsão de uma geleia azulada que libera o intestino e possibilita suas contrações digestivas. Quando uma cadela que acabou de parir não lambe o ventre de seu filhote, ele morre de oclusão intestinal. Uma fêmea pode não lamber seu filhote porque está esgotada, porque seu próprio desenvolvimento foi alterado ou porque o cachorrinho recém-nascido não estimula seus comportamentos maternais. Em todos esses casos de origens diferentes, a mãe tem medo do filhote, que ela sente como um agressor. Essa sensação de alerta aumenta a secreção dos hormônios do estresse, o que perturba o encadeamento de seus comportamentos[47]. Pode então roer o cordão raivosamente e continuar comendo o ventre do filhote.

....

46. Roussillon, R., *op. cit.*, p. 122.

47. Liu, D.; Dioro, J.; Day, J. C.; Francis, D. D.; Meaney, M. J., "Maternal care, hippocampal synaptogenesis and cognitive development in rats", *Nature Neuroscience*, 3, 2000, pp. 799-806.

Na espécie humana, a dimensão biológica evidentemente existe, do contrário a mãe não teria ficado grávida. Mas o que governa suas respostas comportamentais é o significado que o filho adquire para ela. Em geral, o que lhe possibilita atribuir um sentido ao bebê que acabou de dar à luz é sua história: "Por causa dele vou interromper minha carreira de cantora..." "Sempre que olho para o rosto desse bebê penso no homem que me violentou." Essas representações conscientes e inconscientes organizam o estilo comportamental com que a mãe envolve o filho. Os separadores mãe-filho são necessários durante toda a educação, mas o modo como nos separamos e o estilo dos reencontros dependem da história dos parceiros. Nas duas primeiras semanas de vida, toda separação eleva a secreção de corticoesteroides[48] e o menor reencontro acalma esse alerta, desde que a mãe esteja suficientemente serena. Isso significa que, se as separações forem duradouras a ponto de se transformarem em abandonos ou isolamentos sensoriais, o alerta biológico nunca acalmado acaba fazendo as células estourarem, o que explica a atrofia do hipocampo das crianças isoladas e sua instabilidade emocional.

Pode-se dizer também que, quando jamais há separação, a rotina que envolve a criança suprime toda sensação de acontecimento. A ausência de facilitação sináptica de um cérebro não estimulado torna as crianças passivas, incapazes de decidir. Somente a associação tristeza da separação e felicidade do reencontro ensina a criança a superar suas pequenas tristezas dando-lhe a possibilidade de adquirir um sentimento de confiança.

Quando a constelação afetiva que cerca uma criança fica entorpecida por uma mãe excessivamente dedicada, o pequeno consegue às vezes estabelecer um vínculo dinamizador com o pai, com uma tia, uma irmã mais velha ou um amigo do bairro. Uma criança maltratada pode adquirir um vínculo ambivalente

....

48. Lupien, S. J.; King, S.; Meaney, M.; McEwen, B. S., "Child's stress hormone levels correlate with mother's socio-economic status and depressive state", *Biological Psychiatry*, 48, 2000, pp. 976-80.

com o pai ou a mãe que a maltratam, mas traçar ao mesmo tempo em sua memória a possibilidade de um vínculo caloroso com outro parente. Por isso as crianças em situação de risco são protegidas por constelações familiares ampliadas, onde podem tecer ao mesmo tempo um vínculo difícil com um dos genitores e outro apaziguador com um parceiro tranquilizador. Ambivalente com um adulto, torna-se seguro com outro.

Os bebês desorganizados adquiriram um apego imprevisível, porque a transação entre seu mal-estar íntimo e o envoltório afetivo dos adultos não possibilitou a impregnação de um apego estável. Quando os observamos a partir do décimo oitavo mês e os comparamos com uma população de bebês seguros, notam-se vários comportamentos de agressão na creche. De três a quatro anos mais tarde, 71% deles se tornaram agressivos na escola contra 5% do grupo de bebês seguros[49]. A estampagem de um meio em guerra ou de uma família disfuncional ensinou ao bebê um apego desorganizado, preditor de hostilidade.

Se detivermos nossas reflexões nesse trabalho, correremos o risco de concluir por um determinismo inexorável. Mas, se acrescentarmos outras observações, vamos ao contrário deduzir que a plasticidade das estampagens é tão grande que basta mudar o ambiente da criança pequena para obter desenvolvimentos mais agradáveis. Em caso de desgraça, um apego seguro terá grande probabilidade de resiliência, porque antes da ferida a criança já adquiriu a capacidade de transformar qualquer adulto em boa mãe. Depois do desastre, sofrerá menos angústia e hostilidade porque saberá buscar o substituto de que precisa para regular seus afetos[50]. O que não exclui a necessidade de seu meio lhe fornecer alguém disposto a servir de base de segurança. É realmente um encontro que possibilita uma retomada evolutiva

....

49. Lyons-Ruth, K.; Jacobowitz, D., "Attachment disorganisation: unresolved loss, relational violence, and lapses in behavioural and attentional strategies", *in* J. Cassidy, P. R. Shaver, *op. cit.*, pp. 520-54.

50. Kobak, R.; Sceery, A., "Attachment in late adolescence: working models, affect regulation and perceptions of self and others", *Child Development*, 59, 1988, pp. 135-40.

resiliente, uma transação afetiva entre o que a criança é depois da ferida e o que sua família e sua cultura dispõem à sua volta.

Os apegos inseguros, mais difíceis de amar, têm grande probabilidade de depressão na idade adulta. Suas angústias, sua agressividade por medo e suas dificuldades psicossomáticas são mais frequentes do que na população em geral[51]. Mas, quando um acontecimento afetuoso os comove, um primeiro amor[52], um encontro com um padre, um artista, um psicoterapeuta ou qualquer outra figura significativa, cria uma nova relação, um novo período sensível: outro estilo de apego será impregnado mais tarde.

Pode-se defender a ideia de que todos esses apegos são estampagens cognitivas, aprendizagens insabidas. O sujeito aprendeu a amar sem se dar conta e até mesmo afirmando que nunca aprendeu. O que vemos do mundo é minúsculo comparado à imensidade da realidade que somos incapazes de perceber. No entanto, esse pedacinho de mundo tem de ser coerente para que respondamos a ele de modo coerente. É precisamente a redução das informações, a amputação do mundo que faz com que possamos lhe dar uma forma clara e não angustiante.

Neurologia do inconsciente insabido

Em 1899, Anton, um neurologista, relatou uma observação de cegueira da qual o doente não tinha nenhuma consciência. Na autópsia, os médicos descobriram duas pequenas lesões ocipitais que explicavam por que o doente não conseguia mais ver. Seus olhos estavam intactos, mas seu cérebro já não era capaz de dar forma de imagem às percepções visuais. O cego dizia: "Não estou cego, poderia ver se quisesse."

....

51. Vaillant, G. E., *Ego Mechanisms of Defence. A Guide for Clinicians and Researchers*, Washington D.C., American Psychiatric Association Press, 1992.

52. Cyrulnik, B.; Delage, M.; Blein, M. N.; Bourcet, S.; Dupays, A., "Modification des styles d'attachement après le premier amour", artigo aceito pelos *Annales médico-psychologiques*, 2006.

Em 1914, Babinski descreveu o mesmo fenômeno por ocasião de uma hemiplegia esquerda devida a uma lesão temporoparietal direita, numa pessoa destra. O paciente afirmava que não estava paralítico e exigia que tirassem aquela mão estranha que alguém depositara na sua cama.

Em 1923, Barré descreveu uma hemiplegia esquerda de que o doente não tinha consciência enquanto esteve paralisado. Contudo, depois de curado, quando seu cérebro reparado tornou o paciente capaz de tomar consciência de seu déficit passado, ele disse: "É assustador, dou-me conta agora de que estava paralisado."

Mesmo a memória autobiográfica pode se tornar não consciente por motivos neurológicos: num acidente de caça, o senhor T. perdeu um olho, o que o entristeceu muito. Alguns anos depois, teve uma embolia parietoccipital direita e, para estupefação da família, afirmava obstinadamente que não estava paralisado e que via com os dois olhos. A alteração das zonas de neurônios associativos ao redor das zonas de percepção visual impedia qualquer tomada de consciência da doença.

Portanto, por motivos neurológicos, podemos negar nossos ferimentos reais, assim como, inversamente, podemos tomar consciência de feridas que não existem. Os membros fantasmas ilustram essa observação quando um ferido sente dor na perna que lhe tiraram. Percebe com acuidade a dor do pé que já não tem na realidade, mas que persiste na sua memória. Os circuitos cerebrais do sofrimento ainda funcionam e lembram a dor sentida no passado. Esse fenômeno frequente explica a permanência das imagens de horror e do sentimento de pânico que os traumatizados sentem. "Como se tivesse acabado de acontecer." O pavor na memória é experimentado todos os dias, embora a causa do pavor já não exista faz tempo. Provas da estampagem, o membro fantasma e a aprendizagem implícita traçam na memória um inconsciente cognitivo.

O teste da casa em chamas vai nos fazer entender como uma falsa alegação pode dar forma ao inconsciente cognitivo. Alguns doentes sofrem de uma pequena alteração parietocipital direita que os faz desconsiderar o espaço à esquerda. Sabemos que eles o percebem, pois evitam os obstáculos afirmando não haver obstáculos. Mostra-se a essas pessoas uma prancha em que se desenhou à direita, no campo percebido e consciente, uma casa verde, e à esquerda, no campo percebido mas não consciente, uma casa vermelha em chamas. Quando lhes perguntam: "Nesse desenho, há alguma casa em chamas?", eles sempre respondem: "Não." Depois, mostram-lhes uma outra prancha com casas verdes e casas vermelhas que não estão em chamas e pergunta-se: "Em que casa você gostaria de morar?" Todos escolhem morar nas casas verdes e dão explicações curiosas. A contraexperiência consiste em inverter as cores e incendiar as casas verdes. Eles escolhem então morar nas casas vermelhas afirmando que nunca lhes mostraram desenhos de casas verdes em chamas[53].

O inconsciente cognitivo pode ser desmascarado em certas situações significativas. Quando se pede a esses doentes que desconsideram o espaço visual esquerdo para copiarem a palavra "village" inscrita num quadro, eles escrevem... LAGE. Mas, se lhes pedem para soletrar a mesma palavra, não esquecem nenhuma letra, provando assim que conseguem responder a uma representação inteira da palavra "village", embora só consigam tomar consciência da metade percebida[54].

Essa noção de restos mnêmicos não conscientes que nos governam sem que o saibamos é fácil de verificar quando se pede aos pacientes amnésicos para montar um quebra-cabeça. A cada repetição, eles melhoram sua performance, demonstrando que adquiriram experiência, embora afirmem ser aquela a primeira vez que veem o quebra-cabeça[55]. Até os amnésicos podem aprender... afirmando que nunca tiveram a oportunidade de aprender!

Esses testes também podem explicar a sinceridade das falsas alegações de agressão sexual. Quando essas mulheres vão à

....

53. Marshall, J. C.; Halligan, P. W., "Blindsight and insight in visuo-spatial neglect", *Nature*, nº 336, 1988.

54. Hillis, A.; Carmazza, A., "The effects of attentional deficits on reading and spelling", *Cognitive Neurospychology and Neurolinguistic*, Erlbaum, 1990.

55. Milner, B.; Corkin, S.; Teuber, H. L., "Further analysis of the hippocampal amnesic syndrome", *Neuropsychology*, nº 6, 1968.

delegacia, estão respondendo a uma representação de agressão sexual na qual acreditam efetivamente, porque a experimentam com tanta acuidade como se tivesse realmente acontecido. Nem sempre se trata de uma mentira ou de uma mitomania. Em geral, um dispositivo relacional existiu na realidade e impregnou em seu inconsciente cognitivo uma sensação de risco de agressão sexual. Pode ser que um homem, por seu comportamento, tenha forçado a mulher a imaginar esse risco. Pode ser que essa ideia passasse facilmente por sua cabeça, porque se sentia violentada cada vez que um homem sorria para ela. Seja qual for a origem dessa lembrança de agressão sexual, um acontecimento real provavelmente se impregnou em seu inconsciente cognitivo. A falsa alegação é prova disso.

Amor, maus-tratos e contrassenso afetivo

As causalidades lineares são as mais convincentes, pena que em geral sejam tão abusivas. A evidência lógica consiste em pensar que, quando uma criança é maltratada, ela acusará seus pais disso e tentará fugir deles, aprendendo assim um estilo afetivo evitante. Contudo, as observações longitudinais, os acompanhamentos de crianças maltratadas levam a conclusões contraintuitivas. Frequentemente, depois de terem sofrido e de terem tido um desenvolvimento difícil, elas perdoam os pais e procuram reatar o vínculo rompido. O inverso também é verdadeiro, pois não é raro constatar distúrbios do apego em crianças bem acolhidas[56]. Os longos questionários mediante os quais é possível avaliar o apego à mãe e ao pai são considerados confiáveis de modo geral[57]. Pode acontecer de ambos os pais exprimirem um apego seguro e a observação ates-

....

56. Main, M., "Recent studies in attachment overview with selected implications for clinical work", *in* S. Goldberg, R. Muir, J. Kerr, *Attachment Theory*, Hillsdale (N. J.)-Londres, The Analytic Press, 2000, p. 425.

57. AAI: *attachment adult interview*. Main, M.; Hesse, E.; Van IJzendorn, M. H., *The Berkeley-Leiden Adult Attachment Questionnaire*, Universidade da Califórnia em Berkeley, 1999.

tar que o vínculo se estabelece mal. Desde os primeiros meses, quando a mãe se aproximava, o bebê explodia num riso excessivo que se transformava imediatamente em choro. Estendia os braços para ela assim que a via, depois se virava e manifestava de repente intensos comportamentos de retração. Era difícil pensar que um apego desorganizado como esse fosse consequência de uma dificuldade parental. A expressão das emoções do bebê custava a adotar uma forma comunicativa. Será que ele se assustava com suas próprias emoções? Os rituais de interação por meio dos quais cada um consegue entender e esperar o que o parceiro está prestes a fazer se instalavam mal. Embora desorientados, os pais perseveraram em suas aproximações serenas e, por volta do décimo mês, o bebê se acalmou, parou de se sobressaltar ante o menor ruído e aceitou finalmente deixar-se acariciar.

Como explicar a evolução favorável desse cenário difícil durante os dez primeiros meses? Será que a mãe ficou estressada durante a gravidez? Será que o bebê era geneticamente um fraco transportador de serotonina, o que o tornaria sensível a qualquer acontecimento imprevisto? Qualquer que tenha sido a causa biológica ou ambiental, teria sido compreensível se os pais tivessem reagido mal. Ficaram sossegados durante dez meses porque estavam felizes juntos e socialmente tranquilizados. Portanto, compuseram com seus corpos um envoltório sensorial estável e calmo que acabou por apaziguar o filho. Imaginemos que o pai tivesse uma profissão difícil e ficasse exasperado com os choros de seu filho inconsolável todas as noites. Imaginemos que a mãe tivesse dificuldades com o marido ou que esse bebê exaustivo e pouco gratificante tivesse evocado um significado de agressão: os rituais de interação teriam acabado por dar forma a uma exasperação mútua. "Esse aí está chorando de novo...", teria dito a mãe, e o bebê teria rapidamente aprendido a esperar as mímicas exasperadas e os gestos brutais que teriam agravado sua desorganização emocional.

Por vezes, esses contrassensos afetivos se manifestam apenas com um dos pais. A criança, desorganizada com a mãe, pode estruturar um vínculo pacífico com a avó ou o pai. Tendo adquirido um apego seguro, em outro lugar que não seja nos braços da mãe, acaba tecendo um vínculo pacífico com ela, mais tarde, desde que tenha sido possível cuidar da mãe e ajudá-la a transpor o cabo das tormentas sem adquirir muitos maus hábitos.

É aceito hoje em dia que de 5 a 30% das crianças maltratadas irão se tornar pais que maltratam[58]. A variabilidade dos números obtidos pelas pesquisas mostra que não há causalidade única. Quando ambos os pais maltratam o filho num lar fechado, sem família ampliada, sem amigos, sem atividades externas, os distúrbios serão importantes e a repetição será superior a 30%. Mas, quando só um dos pais maltrata o filho ao passo que o outro lhe oferece um apego seguro, a probabilidade de repetição cai para 10%. E quando, ao redor desse lar em dificuldade, a cultura propõe substitutos afetivos e outros lugares educacionais, o risco de repetição diminui ainda mais (3%).

Bill Clinton[59], cujo pai morreu afogado quando sua mãe estava grávida, foi criado por um padrasto extremamente violento que maltratava todo o mundo e dava tiros de revólver contra sua mulher e seus filhos. A evolução resiliente do pequeno Bill foi possível pela coragem de sua mãe e pela gentileza de seus avós, que ficavam muitas vezes com a criança. A cultura americana facilitava os encontros extrafamiliares, e as inúmeras associações de esporte, de música e de atividades culturais possibilitaram ao futuro presidente desenvolver uma excelente sociabilidade apesar das agressões. Uma cultura que propõe lugares de ação, de encontros e de criatividade limita consideravelmente a repetição dos maus-tratos. Contudo, se o pequeno Clinton tivesse tido que se desenvolver num lar isolado ou num subúrbio onde ninguém se fala, pode-se imaginar que sua evolução teria sido mais difícil.

Quem foi maltratado e fica prisioneiro desse meio aprende cognitivamente a violência física e emocional. É uma tendência,

....

58. Rutter, M., "Psychosocial resilience and protective mechanisms", *in* J. Rolf, A. S. Masten, D. Cicchetti, K. H. Nuech Terlen, S. Weintraub (orgs.), *Risk and Protective Factors in the Development of Psychopathology*, Nova York, Cambridge University Press, 1990, p. 181.

59. Clinton, B., *Ma vie*, Paris, Odile Jacob, 2004.

mas certamente não uma fatalidade, porque ela pode ser desfeita organizando em torno do pequeno infeliz lugares de desenvolvimento que o conduzam para outras direções e lhe ensinem a arrancar momentos de felicidade, apesar de tudo.

Em geral, o agressor é intrafamiliar, um pai ou uma mãe, em proporções quase iguais. Quando o ofensor é extrafamiliar, a resiliência é mais fácil, porque a criança pode se refugiar na proteção de seu lar. Nem sempre é o que acontece, pois a criança se sente traída por seus parentes, como se pensasse: "Já que meus pais são todo-poderosos e eu fui agredido, essa é a prova de que eles não fizeram de tudo para me proteger. Será que não são cúmplices?" Essa reação paradoxal é frequente nos adultos em situações de catástrofes naturais ou humanas: "Já que Deus permitiu tais horrores, é porque ele não é nem bom nem todo-poderoso. Depois de Auschwitz, como ainda acreditar nele?" Aqueles que, nessas situações de pesadelo, ainda conseguem confiar n'Ele se sentem protegidos, pois fazem de Deus uma base de segurança interna. Aqueles que, inversamente, se sentem traídos por Ele, de quem esperavam proteção, privam-se desse sentimento de segurança. Muitas crianças maltratadas acusam o parente gentil de não ter impedido o horror. Muitos povos massacrados durante uma guerra ou um genocídio acusam seus aliados de não terem interrompido o massacre.

Curiosamente, aqueles que condenam o parente gentil, o povo aliado ou o bom Deus são aqueles que, antes do baque, esperavam deles a maior proteção. Apegados demais, seu excesso de afeto revelava sua vulnerabilidade ansiosa. Quando o baque ocorreu, nada mais podiam senão sentir-se traídos ou abandonados[60]. O ódio que sentem por aqueles que amaram preserva um pouco sua autoestima, mas impede a resiliência, pois diminui a autonomia ao atribuir aos outros a causa de seu desamparo.

....

60. Trickett, P. K.; Reiffman, A.; Horowitz, L. A.; Putnam, F. W., "Characteristics of sexual abuse trauma and the prediction of developmental outcomes", *in* D. Cicchetti, S. L. Toth (orgs.), *The Rochester Symposium of Developmental Psychopathology*, vol. VIII, Rochester (Nova York), University of Rochester Press, 1997.

Aqueles que na desgraça aprenderam a se fazer ajudar por um adulto, um grupo ou um Deus tiveram maior probabilidade de resiliência. Na hora do baque, já tinham adquirido uma personalidade firme, um apego seguro e uma empatia que lhes possibilitava imaginar o mundo mental do agressor e diferenciá-lo daquele dos não-agressores. Aqueles que generalizaram a agressão àqueles que amavam e por quem se sentiram traídos privaram-se de base de segurança. Feridos pelo agressor, tornaram-se hostis àqueles que desejavam ajudá-los.

Ressoar não é raciocinar

Acabamos de fazer um raciocínio em termos de ressonância e não mais de causalidade. Em vez de pensar: "Se meu pai me maltrata, vou me refugiar nos braços da minha mãe", diz-se: "Quando meu pai me maltrata, essa é a prova de que minha mãe é cúmplice, porque, apesar de sua onipotência, ela não o impede." Essa reação emocional se explica por um hiperapego ansioso que existia antes dos maus-tratos e tinha impregnado na memória implícita, no inconsciente cognitivo da criança, um sentimento de solidão afetiva, um medo de amar por temor de ser traído de novo. Antes do ato agressivo, a criança inquieta tinha sobre-investido a mãe que só a tranquilizava quando estava presente. Não tinha impregnado no seu inconsciente cognitivo a confiança primária que lhe teria permitido ficar tranquila na sua ausência. Mais tarde, o ato agressivo a lançou num mundo constituído por uma figura assustadora e uma outra abandonadora. Tal envoltório sensorial compunha uma biologia periférica que estimulava pouco a secreção de serotonina, cuja queda brusca pôde ser medida no líquido cefalorraquidiano[61]. Portanto, esse marcador biológico não é a causa do

....

61. Nordström, P.; Samuelsson, M.; Asberg, M.; Traskman-Bendz, L.; Aberg-Wistedt, A.; Nordin, A.; Bertisson, N. L., "CSF-5HIAA predicts suicide risk after attempted suicide. Suicide and life", *Threatening Behavior*, 24, 1994, pp. 1-9.

desespero do sujeito maltratado, mas a referência metabólica de uma alteração afetiva de seu meio[62].

Em contraposição, a partir do momento em que um ser vivo se torna capaz de fazer relatos, ele recorre a sua memória explícita, representa a si próprio com imagens e palavras e constrói assim para si um filme que põe em funcionamento sua identidade narrativa. A partir do instante em que edifica um mundo de palavras, ele lhe dá uma coerência, ele o sente, o experimenta, o vê e pode portanto responder a ele.

É então que pode "deixar de lado" certas lembranças que conteriam o risco de lhe dar uma imagem ruim de si próprio ou de provocar algumas dificuldades relacionais. As lembranças estão ali, mas evita-se evocá-las para ficar em paz com a ideia que se tem de si. Será isto o que se chama "recalcamento"? Esse distúrbio da memória íntima depende das condições históricas, em que cada pessoa tem de fabricar sua realidade interna[63].

Sem sombra de dúvida, "para o psiquismo, o biológico cumpre o papel de base rochosa subjacente..."[64]. Somente a partir do biológico é possível partir do biológico, fundar a condição humana e afirmar que esses dois inconscientes de natureza diferente puxam juntos o mesmo tirante: "[...] Virá o dia em que a psicologia das funções cognitivas e a psicanálise serão obrigadas a se fundir numa teoria geral que aperfeiçoará ambas..."[65], predizia o grande Piaget.

....

62. Goldney, R. D., "Ethology and the suicidal process", *in* K. Van Heeringen (org.), Sidney, John Wiley and Sons, 2001.

63. Ansermet, F.; Magistretti, P., *À chacun son cerveau. Plasticité neuronale et inconscient*, Paris, Odile Jacob, 2004, pp. 201-2.

64. Freud, S., "Analyse terminée et analyse interminable", *Revue française de psychanalyse*, nº 1, 1937, pp. 3-38.

65. Piaget, J., "Inconscient affectif et inconscient cognitif", *Raison présente* nº 19, ago.-set. de 1971, p. 12.

Capítulo IV
A preocupação com o outro

Um fica mal quando o outro sofre

Não é a primeira vez que um conceito filosófico encontra apoio na neurologia. A consciência foi inicialmente uma ideia abstrata antes de se tornar um registro bioelétrico que define os níveis de consciência. O "Mitsein" dos fenomenólogos é hoje precisado pelos estudos biológicos, que demonstram que um indivíduo só consegue sobreviver trocando informações com o meio que o rodeia, seu "Umwelt"[1].

A empatia designava inicialmente um processo de projeção dos sentimentos humanos no mundo material até um filósofo estender sua significação ao conhecimento do outro[2]. O simples fato de uma criança imitar o outro provoca nela um sentimento. Depois, com a maturação, vai diferenciar sua própria

....

1. Thinès, G., *Phénoménologie et science du comportement*, Bruxelas, Mardaga, 1980.

Traduções do alemão.

Mitsein: estar com

Umwelt: mundo circundante

Empatia: tradução de *Einfülhung*, sentir.

2. Lipps, Th., 1898, citado *in* D. Houzel, *Psychopathologie de l'enfant et de l'adolescent*, Paris, PUF, 2000, p. 226.

experiência da do outro e entender que existem duas subjetividades diferentes e associadas. Foi esse desenvolvimento que possibilitou a Freud utilizar a empatia para fazer dela uma condição básica do tratamento analítico, um trabalho puramente intelectual do conhecimento do outro. Hoje, para muitos psicanalistas, a empatia é um processo afetivo que possibilita o compartilhamento de uma experiência psíquica íntima entre duas subjetividades que permanecem separadas.

Nos anos 1970, John Bowlby, então presidente da Sociedade Britânica de Psicanálise, trabalhando com os métodos da etologia animal, postulou que "a empatia constitui o contraponto da agressão". Assim como duas notas musicais se harmonizam permanecendo separadas, "a agressão revela uma alteração da empatia... que, por sua vez, amplifica a coordenação afetiva, a identificação emocional aos outros"[3]. Portanto, o que funda a empatia não é a linguagem interpretando o altruísmo como um cálculo racional de perdas e ganhos[4], é uma aptidão emocional a se deixar modificar pelo mundo de um outro ao qual se está apegado. "Os golfinhos, os elefantes, os canídeos e a maioria dos primatas respondem ao sofrimento e à infelicidade alheia..."[5] Nessas espécies, os indivíduos que não têm motivos corporais para sofrer manifestam no entanto comportamentos alterados, demonstrando que estão perturbados pela infelicidade de um próximo.

O apego é um vínculo biológico traçado na memória que transforma o ser investido em figura saliente. A partir daí, o sofrimento da figura de apego provoca no parceiro um sofrimento de outra natureza. O mal-estar do animal observador é provocado pela visão do sofrimento do outro. Trata-se de uma empatia cognitiva, um contraponto emocional em que a mãe primata

....

3. Weinfield, N. S.; Sroufe, L. A.; Egeland, B.; Carlson, E. A., "The nature of individual differences in infant-caregiver attachment", *in* J. Cassidy, P. R. Shaver, *op. cit.*, p. 78.

4. Wilson, E. O., *Sociobiologie*, Paris, Le Rocher, 1987.

5. Waal, F. B. M. de, *Le Bon Singe. Les bases naturelles de la morale*, Paris, Bayard, 1996, p. 102.

exprime uma mímica ansiosa ao ver que seu filho prendeu o pé. Quando o filhote sofre com o pé preso, a mãe fica alterada pela imagem do sofrimento de seu filhote. Pode-se falar de representação, já que na mãe se trata de "uma atividade mental que torna presente (re-presenta)... a imagem de um objeto"[6]. O que emociona a mãe é uma construção sensorial de imagens visuais e sonoras do filhote agitado e gritando, e não a dor de um pé preso.

Essa aptidão para desorganizar seu próprio mundo interno quando o de um próximo está desorganizado constitui o ponto de partida, a base cognitiva da moral. Se considerarmos que a moral é um conjunto de condutas organizadas pelo projeto de fazer o bem e evitar o mal, não será difícil observar esse fenômeno em outras espécies. A ajuda aos deficientes, o respeito dos rituais de interação, as oferendas alimentares, as ameaças contra o intruso a fim de proteger o fraco e as condutas de apaziguamento constituem, nos animais também, um estar-junto organizado com o propósito de obter um bem-estar comum. Essa protomoral comportamental não se funda em representações verbais, relatos de perseguições ou de injustiças como no homem, mas é construída levando em conta o que o outro sente. É por isso que em certas espécies os indivíduos manifestam comportamentos de angústia ou de estupor quando percebem num próximo um não-comportamento inquietante que os humanos denominam "morte".

Não temos dificuldade de entender as reações dos chimpanzés à perda de um parente. Neles, tal como nos pequenos humanos, descreve-se uma fase de protesto, uma tentativa de estimulação do cadáver, depois uma fase de desespero com uma lentificação comportamental, uma perda de apetite e do prazer de brincar. Antes da morte, os adultos que rodeavam o doente ou o ferido já não se comportavam da mesma maneira. Olhavam fixamente para o agonizante e paravam de brincar. Nos zoológicos,

....

6. Lebovici, S., "Représentation", *in* D. Houzel, M. Emmanuelli, F. Moggio, *Dictionnaire de psychopathologie de l'enfant et de l'adolescent*, Paris, PUF, 2000, p. 634.

os guardas relatam o espantoso silêncio e a acolhida sem alegria quando levam o alimento no dia que se segue a uma morte[7].

Claro que é preciso desconfiar do antropocentrismo e não achar que um luto de baleia é análogo a um luto humano. Mas podemos dizer que esses seres vivos ficam emocionalmente perturbados pela percepção, no corpo do outro, de um indício estranho que os leva a construir uma representação atordoante.

Esse sofrimento virtuoso não é encontrado em todas as espécies. E, quando uma espécie é apta à empatia, ela não é notada em todos os indivíduos, tampouco em todos os casos. Em muitos animais, o ferimento de um não causa nenhuma alteração no outro. O canibalismo não é raro quando o "papai" peixe engole alguns milhares de alevinos ou quando a mãe gata devora seu filhote pensando ser uma caça. Para comer o próprio filho, é preciso perceber seu corpo de um modo que lhe atribua uma significação unicamente biológica e sobretudo não um estado mental.

A empatia animal

A etologia animal dá sua contribuição para a construção da ideia de que é possível atribuir um estado mental ao outro. Até os quatro meses de idade, um bebê chimpanzé se põe em postura de higiene, sem levar em conta a disposição do corpo da mãe. Para ele, basta estar motivado por um estímulo interno para se orientar para o corpo da mãe, mesmo que ela esteja lhe dando as costas ou olhando para outro lugar. Contudo, por volta do décimo segundo mês, a estratégia de interação do filho muda completamente. Quando uma estimulação interna o impele à higiene, olha para a mãe e aguarda a postura que fará ele entender que ela consegue vê-lo. Somente então se colocará em posição de ser "espiolhado"[8]. Nesse nível do psiquismo, a

....

7. Waal, F. B. M. de, *op. cit.*, pp. 70-4.

8. Plooij, F. X., "Some basic traits of language in wild chimpanzees?", *in* A. Lolk (org.), *Action, Gesture and Symbol*, Nova York, Academic Press, 1978.

atribuição ao outro de uma motivação não é verbal, é postural. Para a interação de higiene, é preciso que o filhote tenha se tornado capaz de esperar, isto é, de deixar de responder imediatamente a um estímulo e de entender que a postura da mãe indica, no mundo dela, um estado mental que lhe permitirá responder ao seu.

A aptidão empática necessita de um cérebro capaz de descontextualizar uma informação e perceber um indício que orienta para algo que não é percebido. Não é raro vermos um gato se postar diante de uma geladeira e ficar vigiando atentamente a porta. Uma câmera automática nos revela que o gato só adota essa postura se houver um humano na cozinha. Quando essa pessoa se aproxima da geladeira, o gato mia e "aponta com o focinho", olhando alternadamente para a maçaneta e para o rosto do ser humano. Pode-se interpretar essa conduta dizendo que o gato adquiriu o conhecimento de que, por trás da porta, existem coisas interessantes às quais o humano consegue ter acesso. O que ele percebe no presente utiliza seu passado para imaginar o futuro. Quando o ser humano pisca os olhos, o gato responde piscando os olhos também. Mas, quando se põe uma faixa sobre os olhos do ser humano, o comportamento do gato não muda[9]. Não é o caso dos chimpanzés observados em situações análogas. Muitos começam a gemer quando o ser humano usa uma faixa, alguns o empurram para o tesouro alimentar ou o puxam pela mão. E alguns tentam tirar a faixa! O gato sente empatia pela postura do ser humano ao passo que o macaco, ao perceber a faixa, se põe no lugar do ser humano e entende que ele não consegue ver por causa da faixa.

Essas observações nos fazem pensar que existem graus de empatia[10]. Cada espécie percebe certos indícios selecionados por seu sistema nervoso e serve-se deles para compor representações de diferentes níveis. Quando um arquiteto imagina as mas-

....

9. Dehasse, J., *Tout sur la psychologie du chat*, Paris, Odile Jacob, 2005, p. 504.

10. Pacherie, E., "L'empathie et ses degrés", *in* A. Berthoz e G. Jorland, *L'Empathie*, Paris, Odile Jacob, 2004, pp. 149-80.

sas de cimento correspondentes ao desenho de uma ponte, realiza uma "empatia de ponte"[11]. Essa empatia de objeto certamente desempenhou um papel importante na fabricação das primeiras ferramentas que nos permitiram escapar da natureza utilizando os fenômenos da natureza com os quais tínhamos empatia. O animal predador efetua uma empatia de corpo quando percebe e prevê um movimento da caça. O torturador passa pelo mesmo processo mental quando imagina o que sente o homem que ele deseja submeter.

Afeto e empatia humanos

Nossos próprios filhos manifestam muito cedo uma empatia de emoção quando, percebendo no corpo do outro um gesto ou uma mímica minúscula, servem-se disso para imaginar seu estado mental. A empatia mais afastada do corpo, mais abstrata é aquela que, a partir de um pedacinho de realidade, consegue imaginar as representações de um outro. Uma faísca de imagem percebida em outro corpo basta para elaborar seu psiquismo: "Seus pensamentos, crenças, intenções ou desejos."[12] O fato de o outro então se tornar um ser separado possibilita que a empatia estabeleça uma ponte intersubjetiva sem a qual estaríamos isolados dos outros.

Por volta dos quatro anos, a maioria das crianças adquire uma nova forma de administrar o que percebe a fim de elaborar uma ideia de mundo. A criança explica para si própria que os outros respondem a seu próprio mundo de crenças, intenção e desejos. Para entender o mundo, já não basta perceber o que existe, também é preciso adivinhar o que acontece no invisível mundo mental dos outros.

....

11. Dennett, D. C., *Kinds of Minds: Toward an Understanding of Consciousness*, Nova York, Basic Books, 1996, citado *in* A. Berthoz, G. Jorland, *op. cit.*, p. 90; e G. Jorland, seminário Jansen, "L'empathie", Lourmarin, fevereiro de 2005.

12. Premack, D.; Woodruff, G., "Does the chimpanzee have a theory of mind?", *Behaviour and Brain Sciences*, 4, 1978, pp. 515-25.

Essa "teoria da mente" não surge de repente aos quatro anos, ela se desenvolve progressivamente durante as incessantes transações entre uma criança e seu meio[13]. Desde o começo, pouco antes do nascimento, seu corpo sabia perceber certas informações, processá-las e resolver os problemas que seu meio lhe colocava. Sabia mamar, dispor o corpo para dormir, lutar contra a atração terrestre nas posições em que se sentava e brincar com as estimulações coloridas, suaves ou sonoras que seu entorno lhe propunha. Por volta dos quatro anos, a criança descobre que também os outros respondem à ideia que têm da situação. Depois, entre cinco e sete anos, a criança entende a reciprocidade do pensamento: "Eu sei que você sabe e sei que você sabe que eu sei." Quando uma criança de cinco anos "fala como bebê" com seu irmãozinho, manifesta mediante essa conduta que entendeu que o caçula entende, mas não do mesmo modo.

Essa proeza intelectual depende tanto de seu desenvolvimento neurológico como das pressões do meio que a cerca. Se uma única conexão de seu sistema falhar, toda a performance será alterada. As crianças traumatizadas por um acidente ou por maus-tratos, por um abandono que empobrece seu meio ou por um sobreinvestimento que as isola, retraem-se sobre si mesmas, às vezes até a paralisia do pensamento. Dificilmente têm acesso à teoria da mente, porque um azar da vida alterou seu entorno ou porque uma anomalia neurológica impede seu organismo de ir buscar no meio as informações necessárias para seu desenvolvimento.

Pequenos testes cotidianos permitem saber se uma criança teve acesso à teoria da mente. Não é difícil colocar sobre uma mesa uma esponja com aparência de pedra[14]. Ao verem o objeto, todas as crianças de quatro anos dizem tratar-se de um pedregulho. Quando as fazemos tocar o objeto, provocamos sua surpresa, e é preciso explicar a diferença entre um mineral e um pro-

....

13. Bee, H.; Boyd, D., *op. cit.*, p. 167.

14. Astington, J.; Jenkins, J., "A longitudinal study of the relation between language and theory of mind development", *Developmental Psychology*, 35, 1999, pp. 1311-20.

duto marinho quase animal. Depois se convida outra criança para ver o objeto e se pergunta para o pequeno iniciado: "Ela vai dizer que é uma pedra ou que é uma esponja?" Todas aquelas que já têm a teoria da mente respondem: "Ela vai dizer que é uma pedra." Essas crianças pensam: "A outra acha que é uma pedra, mas eu sei que é uma esponja." As crianças que ainda não entendem que o mundo dos outros é diferente do seu respondem: "Ela vai dizer que é uma esponja porque eu sei que é uma esponja." Essas crianças, ainda incapazes de se descentrarem de si próprias, atribuem aos outros a crença que elas mesmas têm.

Em geral, essa imaturidade se explica por uma carência relacional: quando um dos pais está angustiado, qualquer forma de exploração assusta a criança. Por vezes, é uma alteração do lobo pré-frontal que, impedindo qualquer trabalho de antecipação, impede o descentramento de si. As crianças cujos pais assustados são assustadores porque eles mesmos estão alterados por seu trauma vivem em meios sensorialmente empobrecidos ou em alerta. Podem nunca chegar a ter uma teoria da mente se forem deixadas sozinhas. Podem chegar a ela mais tarde se dispuserem ao seu redor alguns tutores de resiliência que as ajudarão a retomar um desenvolvimento.

A empatia não é apenas uma operação intelectual. A capacidade adquirida de atribuir aos outros uma crença, um pensamento ou uma intenção organiza também o estilo relacional da criança. Na vida cotidiana, às vezes os pais, de brincadeira, fazem de conta que estão chorando, o que comove a criança e provoca um gentil consolo. Nem sempre! Por vezes a criança agride aquele ou aquela que finge o choro.

Uma experimentação etológica, inspirada na teoria do apego, realiza o seguinte dispositivo[15]. Um adulto dá corda num ursinho mecânico diante de um bebê de um ano acompanhado da mãe. O experimentador tomou as providências para que o

15. Inspirado em Bischof-Köhler, D., "The development of empathy in infants", *in* M. E. Lamb, H. Keller (orgs.), *Infant Development*, Hillsdale (N. J.), Erlbaum, 1991, pp. 245-73.

ursinho não funcione. Então, o adulto finge chorar. Essa situação repete-se em série. Depois a mãe responde a um questionário que avalia seu humor e seu estilo de apego.

Diante dos choros simulados do adulto, a maioria das crianças reage fazendo carinho ou levando o ursinho para a mãe para que ela o conserte. Algumas crianças pareceram indiferentes e não socorreram o adulto. E algumas bateram nele! Nesse grupo de reações perturbadas, todas as crianças tinham se desenvolvido em meios sensorialmente empobrecidos. A ausência de adultos, a morte, doença, depressão ou personalidade distante deles, ao empobrecer o meio sensorial, tinham retardado o desenvolvimento da empatia das crianças.

Tornar-se empático

Em vez de dizer: "Esse distúrbio psíquico é de origem genética", o que raramente é o caso, é melhor procurar entender como se dá uma ontogênese, o desenvolvimento de um indivíduo desde o ovo até a morte. Essa atitude nos leva a entender que um potencial genético é constantemente modelado pelas pressões do meio sensorial, afetivo e até cultural.

Pode-se considerar que o ponto de partida do processo empático seja desencadeado pelo fenômeno dos neurônios-espelho. Um dado banal em neurologia nos mostra que, na base da zona frontal inferior do córtex dos macacos (área F5*), um grupo de neurônios motores se ativa quando o macaco realiza uma ação com o braço oposto ou com a boca. A surpresa foi descobrir que o macaco que está simplesmente olhando outro macaco realizar aquela ação ativa exatamente a mesma zona de neurônios[16]. A ressonância começa desde a primeira interação biológica, como se o macaco dissesse: "Quando vejo um con-

....

16. Rizzolatti, G.; Fadiga, L., "Grasping objects and grasping action meanings. The dual role of monkey rostroventral premotor cortex (area F5)", *in* G. R. Bock, J. A. Goodel (orgs.), *Sensory Guidance of Movement*, Novartis Foundation Symposium 218, Chichester, John Wiley and Sons, 1998, pp. 81-103.

gênere pegar uma banana, isso me interessa tanto que meu cérebro se prepara para efetuar a mesma ação." Antes de ser facial ou comportamental, a imitação é neurobiológica. Mais tarde, no ser humano, a ressonância se tornará histórica, como se a mãe dissesse: "Quando vejo meu filho se comportar assim, isso me lembra que, quando eu, na idade dele, fazia esse gesto, minha mãe se irritava..." A origem da resposta comportamental com que a mãe envolve o filho está na sua história com sua própria mãe. Trata-se antes de relatos-espelho que de neurônios-espelho. Quando Aimé Césaire fala de "negritude"[17], ele certamente evoca um fenômeno de ressonância, como se dissesse: "Converso com esse homem, trabalho e de repente percebo no rosto dele uma minúscula expressão que, num átimo, me faz entender que, no olhar dele, eu sou um Negro!" A fulgurante mas inabitual expressão facial permite ao poeta atribuir ao outro pensamentos e crenças. Nada foi dito com palavras e no entanto algo foi claramente transmitido entre os dois mundos internos.

Haveria pois uma filogênese da empatia identificável desde os níveis elementares da ressonância, quando o mero fato de ver a ação de um outro prepara o indivíduo que olha para efetuar a mesma ação. Por meio dessa sugestão comportamental devida aos neurônios-espelho, os macacos podem compartilhar um mundo de macacos. Os pombos provavelmente conhecem o mesmo fenômeno de ressonância neurológica. Quando um deles se encolhe antes de alçar voo, sua "postura de intenção" provoca nos congêneres um encolhimento análogo. Essa imitação por contágio dos comportamentos permite ao grupo funcionar junto, sair voando assim que um deles percebe um sinal de perigo que os outros não perceberam e ao qual, contudo, vão reagir[18]. Os animais gregários deslocam-se assim limitando os perigos, sincronizam o grupo comendo e dormindo na mesma hora, adaptam seus comportamentos sexuais à ecologia, acasa-

....

17. Césaire, A., *Une saison au Congo* (teatro), Paris, Seuil, "Points", 2001; e Senghor L. S., *Hosties noires*, Paris, Seuil, 1948.

18. Tinbergen, N., *Social Behaviour in Animals*, Londres, Methuen and Co., 1953.

lam-se quando os dias se tornam mais longos e criam seus filhotes antes da migração.

Haveria também uma ontogênese da empatia que começaria desde os níveis elementares da ressonância biológica dos neurônios-espelho. Os recém-nascidos sincronizam imediatamente suas mímicas faciais com as do adulto. Quando este avança os lábios fazendo beicinho, o bebê faz igual quase instantaneamente[19]. Talvez seja isso o que explique sua adaptação perfeita ao mamilo que, protuberante, provoca o avanço dos lábios do pequenino. O estar-junto possibilita a sobrevivência, mas logo cedo o mundo das emoções se torna contagioso graças aos neurônios-espelho. Ponha-se diante de um bebê de dois meses, passe a mão diante do rosto, lentamente, de cima para baixo de modo que ao chegar no queixo seu rosto revele uma mímica de choro. Depois, volte a subir a mão para a testa, de modo que ela revele um largo sorriso, e verá que o bebê reproduz perfeitamente as mímicas de tristeza ou de alegria em sincronia com as suas. O "Mitsein" dos fenomenólogos, o estar-com que nos permite funcionar juntos e compartilhar um mesmo mundo persiste no adulto quando, ao dar uma colherada para seu bebê, abre a boca um pouco antes dele.

O ponto de partida do processo empático se situa na ressonância neurológica que hoje podemos tornar visível com as técnicas de neuroimagem. Nossos neurônios-espelho entram em ressonância com o gesto do outro que nos toca. Se sua ação nos concernir, a ressonância magnética mostra a ativação de circuitos neuronais específicos: a área ocipital do observador, aquela que processa a imagem, envia instantaneamente a informação ao córtex frontotemporal*, que prepara para a mesma ação. A simples ação observada desencadeia o alerta dos neurônios-espelho como uma espécie de reflexo interindividual. Quando se bate no tendão da patela de alguém, provoca-se a extensão reflexa de sua perna, ao passo que na empatia neuro-

....

19. Meltzoff, A. N.; Moore, M. K., "Imitation of facial and manual gestures by human neonates", *Science*, 198, 1977, pp. 75-8.

nal é a visão do movimento de um que estimula em espelho os neurônios motores do outro. Mas esse outro tem de ser significativo. Quando se registram as ativações temporais de seres humanos assistindo pela televisão a filmes que mostram homens ou animais, constata-se que a visão dos homens alerta mais intensivamente os neurônios-espelho do observador[20].

Desejar sem agir prepara para a fala

A convergência desses dados levanta um problema estimulante. Quando um homem observa um ser significativo efetuando uma ação interessante, suas áreas frontais inferiores são alertadas como se ele estivesse prestes a fazer o mesmo, mas a inibição pré-frontal impede a passagem ao ato*. Ora, quando essa zona é simultaneamente alertada e impedida, como quando, dirigindo um carro, aceleramos pisando fundo nos freios, a ativação cortical é mais acentuada na região da circunvolução frontal inferior esquerda, que, no homem, suporta a linguagem[21]. Predispor-se para a ação e ao mesmo tempo impedir-se de realizá-la facilitaria uma preparação neuronal para a fala. A neuroimagem está totalmente de acordo com a psicanálise: o estágio neuronal da empatia, ao observar o comportamento significativo do outro e se impedir de fazer a mesma ação, torna possível sensibilizar sua própria zona de linguagem. Quando se age, tem-se menos necessidade da palavra. O efeito intersubjetivo da empatia torna possível descentrar-se e preparar-se para a fala: falta apenas passar pela convenção dos signos para aprender a língua materna[22].

....

20. Cochin, S.; Barthélemy, C.; Lejeune, C.; Roux, S.; Martineau, M. E., "Perception of motion and qEEG activity in human adults", *Electroencephalography and Clinical Neurophysiology*, 107, 1998, pp. 287-95.

21. Grézes, J.; Costes, N.; Decety, J., "Top-down effect of strategy of the perception of human biological motion: a PET investigation", *Cognitive Neuropsychology*, 15, 1998, pp. 553-82.

22. Corbalis, M. C., "La langue des signes dévoile l'essence innée du langage", *La Recherche*, novembro de 2004, p. 22.

Quando a expressão do sofrimento de um provoca a reação empática do outro, tece-se um vínculo que pode tomar várias direções. Para ilustrar essa ideia, podemos nos perguntar por que tantos seres vivos reagem com vocalizações a um sofrimento. Quer se trate de gritos de dor, de gemidos ou de choros provocados por uma tristeza, é sempre a zona periaquedutal, o núcleo médio-dorsal do tálamo que envia mensagens para a área do cíngulo anterior*. Quer um filhote de passarinho esteja fisicamente ferido, quer esteja separado da mãe, em ambas as situações ele emite gritos de desespero de mesma forma sonora. Quando esse grito é emitido por um gatinho, a mãe responde com uma espécie de ronronar que ajuda o filhote a localizá-la no espaço e se dirigir até ela. E, assim que o contato olfativo, visual ou tátil é restabelecido, os parceiros da interação param de vocalizar. Um recém-nascido humano também para de vocalizar a partir do momento em que está novamente envolvido pelo continente sensorial composto pelos braços maternos, seu peito, suas roupas, seu cheiro e sua voz.

Com "a encefalização da dor"[23], pode-se escapar do imediatismo dos reflexos e pôr em relação o sofrimento de um com a empatia do outro. Quando o recém-nascido chora, provoca uma emoção no mundo do adulto, que pode reagir com um sentimento de terno prazer ante a ideia de socorrer o pequenino ou com irritação, segundo sua própria história e seu estado de espírito. A expressão vocal de um causa impressão no outro e tece um vínculo cuja forma vai depender da maneira como o bebê grita e do sentimento provocado no adulto.

Em todos os mamíferos, um eletrodo plantado na área do cíngulo anterior provoca uma vocalização. Em situação natural, uma dor física, uma privação sensorial, uma perda ou uma separação estimulam a mesma zona e provocam a mesma vocalização. O adulto que percebe essa sonoridade rica em frequên-

....

23. Tucker, D. M.; Luu, P.; Derry-Berry, D., "Love hurts: the evolution of empathy concern though the encephalisation of nociceptive capacity", *Development Child Psychopathology*, 17, 2005, USA Cambridge University Press, p. 704.

cias agudas desagradáveis também alerta sua zona cingular que transmite a mensagem para a região da frontal inferior. Essa estimulação provoca uma resposta de "ronronar" se você for um gato, ou de palavras se você for um ser humano. Em todos os casos, é previsível uma resposta ativa de resgate[24] cada vez que se estimula essa zona motora e linguageira do cérebro.

Para amar, é preciso salvar

Essa observação levanta um enorme problema psicoafetivo: já não se pode dizer que, para aumentar o apego da criança, basta satisfazer suas necessidades. Ao contrário até, é o apaziguamento de um sofrimento que aumenta o apego e não a satisfação de um prazer. Isso significa que, para sentir a felicidade de amar, é preciso antes ter sofrido uma perda afetiva![25] A figura que traz o apaziguamento se torna então marcante no psiquismo do magoado. Um ser vivo que não sofresse nem dor física nem a tristeza de uma falta não teria nenhum motivo para se apegar.

Por sorte, um bebê humano sofre desde o nascimento. Quando sai do líquido do meio amniótico que estava aquecido a 37°C, sente frio, seca, é brutalizado pela nova sensorialidade que o cerca. A luz o ofusca, os sons já não são filtrados, esbarram nele quando o pegam, pois já não está mergulhado na suspensão hidrostática uterina, e sente dor no peito quando seus pulmões se dilatam para respirar. É quando surge um enorme envoltório sensorial chamado"mãe". Ela o aquece, cerca de cheiros, de toques e de sonoridades que ele reconhece, pois já os tinha percebido antes de nascer. Salvo! Doravante, cada vez que tiver de passar por uma pequena infelicidade, o bebê sabe que o

....

24. Ploog, D. W., "Neuroethological perspectives on the human brain: from the expression of emotions to intentioned signing and speech", *in* A. Harrington (org.), *So Human a Brain: Knowledge and Values in the Neuro-Sciences*, Boston, Birk Hauser, 1992, pp. 3-13.

25. Panksepp, J., "Neuroscience. Feeling the pain of social loss", *op. cit.*, pp. 237-9.

mesmo objeto sensorial aparecerá, permitindo-lhe assim aprender a esperar. Ao se apegar a esse objeto que devolve o bem-estar, adquire uma aptidão para se tranquilizar não apenas em contato com uma realidade sensorial, mas também com a representação pré-verbal desse contato de que espera o apaziguamento. Poderíamos aprender a esperar melhores momentos se não os tivéssemos perdido? Poderíamos aprender a amar se não esperássemos que um outro nos devolva melhores momentos?

Nossa cultura lógica tende a nos fazer crer que basta os pais serem gentis e a criança ser saudável para que se teça um apego de boa qualidade. Esse raciocínio linear parece excessivamente simples. Quando não há um provedor de cuidados porque ele morreu ou está doente, ou porque um mito diz que é preciso isolar as crianças para que elas não fiquem caprichosas, a criança, privada de alteridade, encontra apenas seu próprio corpo como substitutivo. Ela balança, gira, chupa o dedo ou se bate para se sentir um pouco viva. Sobrevivendo com dificuldades, não tem a oportunidade de se descentrar de si própria para descobrir o mundo de um outro. Sua capacidade para a empatia não pode se desenvolver porque, num contexto assim, só existe ela mesma.

De todo modo, a empatia tem de parar porque sempre chega uma hora em que já não conseguimos nos pôr no lugar dos outros. Estão longe demais, os aborígines; são numerosíssimos, os chineses; são estranhos, os marcianos. Quando as representações do outro são impensáveis e a empatia não consegue ir mais adiante, o sujeito se torna autocentrado porque o mundo do outro é inacessível.

Muitas vezes, é o próprio sujeito que tem medo de se descentrar, e, no vazio da representação do outro, o homem sem empatia coloca suas próprias representações. "A projeção é um processo psíquico interno que ocorre entre dois organismos."[26] "[É] uma operação pela qual o sujeito expulsa de si e localiza no

....

26. Chabert, C., "Projection", *in* D. Houzel, M. Emmanuelli, F. Moggio, *Psychopathologie de l'enfant et de l'adolescent*, *op. cit.*, p. 542.

outro, pessoa ou coisa, qualidades, sentimentos, desejos..."[27] Quando deixa de haver diferenciação entre si e o outro, porque já não há outro ou porque o sujeito é fusional, já não há lugar para a empatia. O processo de projeção torna-se então inevitável e pode até ser adaptativo num deserto afetivo. Revela um distúrbio de desenvolvimento quando o sujeito, por não conseguir imaginar o mundo do outro, lhe atribui seus próprios desejos de amor ou de ódio, de proteção ou de perseguição.

Quando acontece de o outro deixar de ser tranquilizador porque ele mesmo está em dificuldades devido a uma depressão, a uma personalidade inquietante ou a um trauma que o torna assustador, a criança se apega a um objeto perturbado que se torna, assim, uma base de insegurança: "Perto dele, eu me sinto mal. Longe dele, fico ansioso. Tenho medo dele e medo sem ele", dizem frequentemente as crianças maltratadas. Essa proximidade instável da felicidade e da infelicidade, da segurança e da insegurança explica por que tantas crianças maltratadas se apegam àqueles que as agridem. Pela lógica, deveriam fugir da infelicidade e correr para a felicidade. Muito poucas o fazem. Em geral, não abandonam o pai agressor, sobretudo quando ele fica velho e frágil[28]. Às vezes, querem crer que tiveram pais iguais aos outros e afirmam, contra todas as evidências, que nunca foram maltratadas. É comum elas se indagarem por que não conseguem evitar de se dedicar a uma mãe que as torturou: "Vou todos os dias à casa dela. Ela está muito doente. Mas isso me arrasa, é esmagador até."

Estar em paz consigo mesmo para decodificar melhor o outro

A hipótese lógica seria supor que toda criança privada de apoio afetivo desenvolve mal sua empatia. De fato, uma popula-

....

27. Laplanche, J.; Pontalis, J.-B., *op. cit.*, p. 344.

28. Polan, H. J.; Hofer, M. A., "Psychological origins of infant attachment and separation responses", *in* J. Cassidy, P. R. Shaver, *op. cit.*, p. 165.

ção de crianças isoladas ou maltratadas se torna um grupo de risco para drogas, delinquência, evasão escolar e mecanismos projetivos que atribuem aos outros suas próprias fantasias persecutórias.

Os determinantes desse distúrbio são heterogêneos. Dois métodos tornam possível a avaliação de um atraso na ontogênese da empatia: a decodificação das emoções dos outros e a análise das representações de uma criança que procura entender o que o outro vê, o que ele deseja e no que ele acredita[29]. A resposta é clara: as crianças que se desenvolvem num meio empobrecido tanto pela falta como pelo excesso de amor interpretam mal as mímicas faciais dos que as rodeiam. Em geral, atribuem a essas pessoas pensamentos, crenças e intenções que elas não têm[30].

Sybellius, sete anos, foi achado em Ruanda num cômodo minúsculo sem janelas onde o tinham escondido para protegê-lo do massacre. Os vizinhos, sem dizer palavra, lhe jogavam um pouco de comida. Quando os salvadores vieram buscá-lo, ficaram tão contentes que sorriram e estenderam os braços. Então Sybellius se mordeu e bateu violentamente a testa no chão. Seu longo isolamento sem palavras, sem rádio, sem leitura e sem troca possível o fizera regredir a uma fase em que qualquer informação voltara a ser desconhecida. Um sorriso, um braço estendido provocavam um alerta que ele só conseguia acalmar mediante uma atividade autocentrada. O mundo externo o assustava tanto que somente a dor o tranquilizava dirigindo-o à força para o que vinha dele mesmo. É comum os psicóticos reagirem assim, eles se tranquilizam graças a um sofrimento que os obriga a voltar a se centrar no próprio corpo. As crianças maltratadas, que se tornam vigilantes ante a menor ameaça ou o menor sinal vindo do agressor, tornam-se geladas para sofrer

....

29. Pears, K. C.; Fischer, P. A., "Emotion understanding and theory of mind among maltreated children in foster care: evidence of deficits", *Development and Psychopathology*, Cambridge University Press, 17, 2005, pp. 47-65.

30. Lapage, L.; Watson, A. C., "Individual differences in theory of mind, aggressive behaviour and social skills in young children", *Early Education in Development*, 12, 2001, pp. 614-28.

menos e se acalmam preocupando-se unicamente com suas fascinações mentais. A empatia para quando o outro é assustador e, num mundo sem outro, o abismo é apavorante. Para uma criança privada de base de segurança, o mundo externo é aterrorizador. Para que a empatia se desenvolva, um outro tem de nos atrair, senão é o narcisismo que nos protegerá de uma alteridade impossível de enfrentar.

Pode acontecer de uma criança não maltratada experimentar o mundo como um alerta. Será alguém que transporta pouca serotonina e que, alarmado diante de qualquer encontro, não consegue aprender a decodificar as mímicas faciais dos outros?[31] Ou será que se trata de uma criança que vive em contato com um pai ou uma mãe assustado e aprende a experimentar o mundo de maneira assustada? Na transmissão do medo do trovão, a criança berra no colo da mãe apavorada, embora brinque e sorria no colo do pai. Pode se tratar também de crianças que transportam muita serotonina e são criadas por pais serenos, mas que, feridas por um acidente da vida, tiveram de ser isoladas, adquirindo assim medo dos outros. Pode se tratar até de um sobreinvestimento afetivo quando o pai ou a mãe, por causa de sua história, deseja com toda a bondade do mundo tornar-se um pai perfeito. Sem ter essa intenção, estabelece com o filho adorado uma relação de captura que o separa dos outros e o submete a seu amor exclusivo. No momento em que o surgimento do desejo sexual precisa de toda a empatia do jovem, que procura perceber no corpo do desejado o menor sinal que o faça entender sua disposição mental para a sexualidade, o adolescente protegido demais, que nunca aprendeu a se descentrar, não consegue harmonizar seus desejos com os do parceiro esperado[32].

....

31. Pollack, S.; Cicchetti, D.; Hornung, K.; Reed, A., "Recognising emotion in faces: developmental effects of child abuse and neglect", *Developmental Psychology*, 36, 2000, pp. 679-88.

32. Fonagy, P.; Redfern, S.; Charman, T., "The relation between belief desire reasoning and a projective measure of attachment security (SAT)", *British Journal of Development Psychology*, 15, 1997, pp. 51-61.

Mil maneiras de se preocupar com um outro

Essas causas diferentes e às vezes opostas se conjugam para provocar o aparecimento de um mesmo sintoma. Toda dificuldade de maturação, seja qual for sua origem, pode alterar o sentido do outro e orientar o sujeito para uma socialização difícil. Por isso a empatia, que leva à preocupação com o outro, pode adotar diferentes formas. Seu desenvolvimento impedido centra o sujeito nele mesmo, como um narciso hipertrofiado, ou, ao contrário, descentra-o em prol do outro, como uma hemorragia narcísica.

Quando um jovem cuja empatia não foi bem formada se torna pai, seu filho tem de crescer em contato com essa empatia alterada. Uma mãe autocentrada percebe o filho como uma sombra inquietante. O pequeno se desenvolve mal num meio em que a afetividade está distante. Pode ocorrer também que um pai cujo psiquismo está vazio devido à melancolia só consiga preencher seu mundo interno graças àquele filho, por quem sente um amor exclusivo: "Tudo para ele, porque não sou ninguém." Esse modo de amar e de querer a felicidade do filho provoca a infelicidade de todo o mundo, porque, em sua generosidade hemorrágica, o pai não assume sua função de base de segurança. Excessivamente centrado no filho, priva-o do apoio externo que conforta a criança. O amor mais autêntico, a intenção mais generosa despersonalizaram o pai que, privando o filho de base de segurança, altera seu ímpeto em direção aos outros, sua socialidade[33]. Vemos então transmitir-se através das gerações um distúrbio herdado que não é hereditário[34]. O distúrbio do adulto pode alterar a criança porque a empatia age como uma ponte intersubjetiva.

Quando um melancólico se sente isolado, expulso do grupo porque sofre de uma extrema tristeza enquanto os outros são

....

33. Tucker, D. M.; Luu, P.; Derry-Berry, D., "Love hurts: the evolution of empathic concern through the encephalisation of nociceptive capacity", *Development and Psychopathology*, 17, 2005, pp. 699-713.

34. Decety, J.; Jackson, P. L., "The functional architecture of human empathy", *Behavioral and Cognitive Neuroscience Review*, 3, 2004, pp. 71-100.

alegres, basta o grupo se tornar infeliz para que o deprimido se sinta incluído. Desde a infância, a sra. L. se sentia constantemente à beira das lágrimas. Sem entender o motivo, sem razão consciente, sentia-se anormal porque enquanto os outros riam ela sempre chorava. Exceto nos enterros, em que se sentia bem, porque todo o mundo chorava como ela. O banho de tristeza proporcionava-lhe o prazer da comunhão, o contágio emocional apagava a diferença. Na compaixão empática, é possível se compadecer do outro e compartilhar seus males. Na sua comunhão apaziguadora, a sra. L. poderia dizer: "Quando os outros estão tristes como eu, sinto-me melhor porque ficamos tristes juntos." Se, no entanto, ela tivesse dito: "Sinto-me atraída pelos fracos porque com eles me sinto superior", teria demonstrado uma empatia doentia.

Quando o outro está distante demais ou quando pertence a um grupo ou espécie que não nos diz respeito, não é possível estabelecer com ele um vínculo de compaixão. Nos zoológicos, os chimpanzés atraem pintinhos jogando-lhes pedaços de pão e depois, de repente, abatem-nos com uma paulada[35]. Essa técnica de atração prova a inteligência deles e revela seu acesso à empatia de objeto. Como qualquer caçador, são capazes de prever e manipular os comportamentos do pintinho, mas não sofrem com o luto que infligem à mamãe galinha. Sua empatia vai até o corpo e o comportamento da presa. Alguns humanos conhecem algo da mesma ordem quando, em vez de se compadecer dos outros e de partilhar sua infelicidade, podem se divertir com ela, deleitar-se com ela ou desprezá-las. Quando nossas crianças inocentes morrem de rir ao assistir ao filme do grande caçador mau que persegue o esquálido Carlitos, não se condoem da angústia do palhaço. Divertem-se com o medo de ser perseguido, como se mataram de rir quando seu próprio pai brincou de pegá-las. Esse lugar do outro, não doloroso apesar da aparência de medo e de fuga, aproxima-se da identificação,

....

35. Waal, F. B. M. de, *op. cit.*, pp. 108-9.

como se Carlitos lhes lembrasse o prazer angustiado de serem apanhados e erguidos do chão por seu grande papai.

O fim da empatia

O sistema enguiça quando surge uma dificuldade tanto no que somos quanto no que existe à nossa volta. Nos exemplos anteriores, refletimos sobre os distúrbios do entorno, mas o sistema também funciona penosamente quando o mundo interno está alterado. Pode ser uma história dolorida, uma representação de si insuportável ou um cérebro alterado, que já não consegue extrair de seu meio as percepções necessárias para alimentar representações adequadas.

Ela tem cinquenta anos. Faz alguns meses que as pessoas próximas estão desconcertadas com a estranheza de seus comportamentos. Fica longas horas sentada. Ela, que era tão pontual, esquece de ir trabalhar. É demitida e não conta para a família. Seu modo de arrumar suas coisas é estranho. Empilha a roupa até que o monte desabe. Esfrega longamente uma mesa já limpa. Classifica cuidadosamente os papéis que acabou de cobrir com garatujas. Já não fala da mesma maneira. Ela, que era tagarela, responde brevemente às perguntas que lhe são feitas. As frases são curtas, articuladas com uma voz forte, sem prosódia, sem mímicas, olhando fixo para o interlocutor. Ela entende, mas já não consegue encadear nem as ideias nem os gestos. Inicia uma ação e pouco depois para. Começa um relato e se cala no meio de uma frase, como se o outro já não estivesse presente.

A tomografia revela uma importante atrofia dos dois lobos frontais[36]. Não é uma doença de Alzheimer, porque a doente fala corretamente e tem boa memória quando é solicitada. Esse quadro clínico, que associa a apatia por falta de iniciativa à au-

....

36. Benisty, S., "Anosodiaphorie ou anasognosie?", *Abstract Psiquiatrie*, nº 14, fevereiro de 2006, pp. 12-3.

sência de empatia por incapacidade de levar em conta a presença do outro, é característico da demência frontal.

Não há nenhuma planificação, nem mesmo um projetinho, não há nenhuma presença do outro em seu mundo mental. Ela percebe fisicamente o corpo de um outro, já que o evita e responde a suas perguntas, mas já não leva em conta seu mundo mental. Já não fica embaraçada com o embaraço que provoca. Então, fica imóvel na cadeira e, de súbito, quando chega uma pessoa desconhecida, ela pergunta ao marido: "Quem é essa aí?" Reconhece o marido, mas não tem nenhum pudor em lhe perguntar em voz alta, na presença da desconhecida: "Quem é essa aí?", para depois voltar a sentar, inerte.

Sua incapacidade neurológica de representar o tempo a imobiliza. Sem antecipação nem busca do passado, está submetida ao presente. Incapaz de se descentrar, não dispõe do recuo do tempo que lhe teria possibilitado ver-se e ouvir-se perguntando: "Quem é essa aí?" Para ter uma representação de si, teria que se ver novamente, ouvir-se novamente dizendo essa frase. Então poderia ter se perguntado: "O que minha frase vai causar, mais tarde, no mundo da desconhecida? Será que ficará embaraçada com minha brutalidade?" O embaraço que teria sentido ante a ideia de ter embaraçado a outra demonstraria sua empatia. Suas frases curtas, minúsculas, sem vírgula nem pronome relativo revelam sua incapacidade de encadear as representações. Geralmente, as pessoas idosas tendem a associar o que percebem com acontecimentos passados, a ligar os fatos presentes com sua memória autobiográfica. Mas, quando você perdeu os lobos frontais, não faz relato de si, não faz sintaxe, ligação entre seus atos e o que isso poderia provocar na mente dos outros.

"– A senhora está doente?

– Não.

– Mas faz três semanas que está sentada nessa cadeira.

– Assim eu descanso.

– A senhora está cansada?

– Não."

No enterro da mulher, um viúvo que sofre de demência frontal diz em voz alta: "Que coisa mais chata isso aqui!" Se ainda tivesse os lobos frontais, teria lembrado seu passado com ela, teria sentido a angústia da solidão por vir. Se tivesse pensado: "Que coisa mais chata isso aqui", jamais teria ousado dizê-lo porque teria antecipado o efeito que sua frase teria produzido no mundo mental dos outros. Completamente desinibido, reagia às estimulações imediatas. Quando já não se tem a possibilidade neurológica de representar o tempo, tampouco a si com os outros, as palavras perdem sua conotação afetiva. Quando não se tem a preocupação com o outro, pode-se dizer o que se pensa, como um perverso que só considera suas próprias pulsões e para quem os semelhantes não passam de marionetes. Quando aquele que perdeu seus lobos frontais já não consegue representar o tempo, deixa de responder às representações que tem das representações dos outros: perdeu sua vida interior! Quando deixamos de representar o tempo, tornamo-nos prisioneiros das estimulações do presente[37]. Perder o outro em si é esvaziar nosso mundo interno e se submeter ao imediato. As pulsões deixam de ter o tempo de ganhar sentido. Quando se está sem história e sem esperança, as palavras perdem seu gosto e se tornam objetos sonoros vazios e secos.

Pôr-se no lugar do outro para convir na fala

Os lobos pré-frontais não funcionam de saída no dia de nosso nascimento. Necessitam vários anos para crescer e se circuitar. Progressivamente, sob o efeito da genética e das pressões do meio, vão se conectar aos neurônios da zona límbica* que possibilitam a memória e as emoções. A sensação de duração, que precisa da existência de uma memória biológica a fim de perceber duas informações espaçadas, e a representação do

....

37. Laplane, D.; Dubois, B., "Auto activation deficit: a basal ganglia related syndrome", *Movement Disorders*, set. 16 (5), 2001, pp. 810-4.

tempo, que torna possível a empatia, têm por primeiro efeito benéfico permitir a aprendizagem da língua materna.

Primeiro, a criança que acabou de nascer reage ao que percebe, pouco importando de onde as informações venham, do calor que a envolve, da fome que provoca um mal-estar ou da palavra que toca como um objeto sensorial e que penetra nela sem que possa controlá-la. Desde muito cedo, ela se sente melhor quando consegue dar forma ao mundo que percebe e reagir a ele mediante gestos, mímicas e sonoridades. Quando, por volta dos dez ou doze meses, designa objetos apontando com o dedo, manifesta por meio desse pequeno comportamento a prova de que se tornou capaz de pilotar o olhar do outro e de orientá-lo para a coisa que indica[38].

O pequeno ainda não tem uma ideia do mundo mental do outro, mas já está atento a suas mímicas e consegue orientá-las. Desde os doze meses, está menos submetido ao imediatismo das percepções, pode treinar uma postura mental que lhe dê recuo. Bem antes da colocação em palavras, há uma colocação em gestos que já permite um pensamento em imagens[39]. Aprender a analisar o corpo do outro certamente constitui um ponto de partida fundamental para a compreensão do outro. Se o bebê sente prazer com essa descoberta, adota a postura da empatia e poderá progredir. Quando o outro o assusta, porém, sentirá sua palavra como uma invasão.

Por volta dos dezoito meses, todas as crianças param de agir em eco: até então, elas riam quando ríamos e adotavam um ar sério quando nos zangávamos. Nessa idade, param de sincronizar suas respostas mímicas às dos adultos e ficam perplexas diante de nossas mímicas e palavras[40], como se pensassem: "Ve-

....

38. Stern, D. N., *Le Monde interpersonnel du nourrisson. Une perspective psychanalytique et développementale*, Paris, PUF, 1985 (1989).

39. Bergé, C.; Cosnier, J., "Empathie et autisme: de l'analyseur corporel' à la clinique de l'empathie", *CALAP (Cahiers d'acquisition et de pathologie du langage)*, université René-Descartes, fascicule nº 23, 2003, p. 103.

40. Jouanjean-L'Antoëne, A., "Genèse de la communication entre deux jumelles (11-24 mois) et leurs parents: approche éthologique, différentielle et causale", tese, université de Rennes-I, 1994.

jamos! Quando ela faz essa careta, é porque está passando em sua cabeça uma emoção de raiva cujas consequências recairão sobre mim. Quando ela produz essa sonoridade com a boca, isso revela algo de seu mundo que não consigo perceber. Essa mímica ou essa sonoridade oferecem uma porta de entrada para seu espaço íntimo." As crianças que têm acesso à empatia vão aproveitar essa oportunidade percebida no corpo do outro para ter acesso ao que não é percebido. Contudo, crianças que têm medo de qualquer exploração vão desviar o olhar, aumentar seus autocontatos para se tranquilizar, e, freando assim o desenvolvimento de sua empatia, retardam a aquisição da convenção da fala.

São certamente muitas as causas desse medo da orientação para o outro. Pode ser por um déficit neurológico, como se constata em certas doenças genéticas em que, devido ao cérebro malformado, a criança não consegue aprender a decodificar os indícios que vêm do corpo do outro. Pode ser por um distúrbio neurodesenvolvimental, como se constata nas intoxicações cerebrais precoces do feto ou da criança em que a toxina altera as sinapses. Pode ser por um distúrbio das interações precoces, quando o meio doente priva a criança de base de segurança e impede a formação de seu cérebro, como nas situações de isolamento sensorial. Esse déficit pode até provir de um distúrbio psicocultural nas crianças constantemente assustadas num país em guerra.

Portanto, é um envoltório sensorial compartilhado entre os parceiros o que inaugura o processo empático. A música, as brincadeiras, os cuidados e o afeto constituem provavelmente a matéria desse envoltório comum que tece um espaço em espelho em que um se interessa pelo outro e brinca de descobri-lo.

A empatia doente

Não é difícil observar como se manifesta uma empatia doente: é frequente os psicóticos terem medo de passar por portas porque, por não verem nada do outro lado, imaginam o espaço não percebido como um vazio no qual têm medo de mergulhar. Também as crianças autistas decodificam mal as mímicas faciais que, para elas, não indicam a emoção do mundo interior do outro. Não respondem ao sorriso que lhes dirigimos, voltam-se afetuosamente para o cão que as ameaça ou ficam aterrorizadas quando são convidadas para brincar.

Habitualmente, é inevitável que uma criança que começa um desenvolvimento empático manifeste desde o segundo mês alguns comportamentos imitativos. Nessa fase, seus lobos pré-frontais ainda imaturos não podem inibir a resposta motora. O simples fato de ver uma mímica de sorriso provoca nela a resposta motora do sorriso. Mais tarde, quando perceber uma mímica de tristeza, ativará os neurônios que comandam os músculos da face, no meio da frontal inferior*. Ora, na mesma situação, as crianças autistas não ativam seus neurônios-espelho[41]. A mímica triste da figura de apego não desencadeia a preparação neuronal para a resposta motora de sua própria tristeza. O estar-com não funciona e não prepara a criança para o contraponto das emoções. A ausência de respostas imitativas dos bebês de alguns meses poderia constituir um sintoma de descoberta precoce do autismo? Não seria impossível se considerarmos que, nas fitas que registram acontecimentos familiares (aniversário, Natal), essas crianças não manifestam comportamentos antecipatórios desde os quatro a seis meses de idade: não se veem lábios que avançam quando lhes é oferecida uma mamadeira nem ombros que se erguem quando alguém vai pegá-las no colo. As mães percebiam essa dificuldade de ajuste comportamental e diziam: "Ele sempre foi pesado, mais difícil de carregar no colo, menos brincalhão que os irmãos e irmãs." Apenas três anos depois o diagnóstico era feito. Hoje é possível fazê-lo antes.

....

41. Da Pretto, M.; Davies, M. S.; Pfeifer, J. H.; Scott, R. A.; Sigman, M.; Bookheimer, S.Y.; Jacobini, M., "Understanding emotions in others: mirror neuron dysfunction in children with autism spectrum disorders", *Nature Neuroscience* 9 (7), janeiro de 2006.

O "Mitsein" seria uma espécie de envoltório sensorial comum a parceiros em diferentes níveis de desenvolvimento. Cada qual poderia dizer: "O fato de observá-lo não me deixa indiferente e me prepara para compartilhar de seu acontecimento, de sua ação, que eu não realizo." A causa do mau funcionamento desse sistema interativo pode ser neurológica quando faltam os lobos pré-frontais, ou quando eles foram mal conectados nos primeiros anos. A desadaptação é em geral desenvolvimental quando o sujeito criado num contexto de empobrecimento afetivo não aprendeu a se descentrar. O sujeito sadio, doente por causa de seu meio, não teve a oportunidade de se familiarizar com as mímicas do outro. Mais tarde, atribuirá a ele pensamentos, crenças e intenções que não provêm do compartilhamento do mesmo envoltório.

Nesse continente sensorial, a empatia adota formas variáveis. Nos psicopatas que nunca aprenderam a se descentrar, o outro é percebido como um mero sinal. Se gesticula quando sofre, o psicopata se diverte. Quando o desenvolvimento de sua empatia foi detido, o psicopata experimenta, como um predador, uma empatia de objeto. O sofrimento que inflige não o incomoda.

As crianças isoladas manifestam muitas vezes essa anomalia da empatia. Tendo sido privadas de tutores de desenvolvimento, adaptaram-se a essa carência ambiental aumentando as atividades e as mentalizações autocentradas, de tal modo que podem chegar a torturar sem sadismo, só para ver como o outro reage. Essas crianças são mais narcisistas que psicopatas, porque basta fazê-las descobrir o sofrimento que infligiram ao mundo do violentado para que fiquem comovidas e interrompam suas torturas exploratórias.

Também nos psicóticos as mímicas são mal decodificadas. Os paranoicos costumam interpretar um sorriso como sinal de desprezo ou um silêncio como prova de que se estava falando deles. São prisioneiros de sua própria interpretação e não da decodificação mediante a qual poderiam entender o que o sorriso ou o silêncio revela do mundo do outro. O psicótico que participa de uma reunião e de repente começa a se masturbar em público não está transgredindo, não se diverte com o mal-estar que provoca, como faria um psicopata. Simplesmente não é capaz de imaginar o que seu comportamento pode provocar na mente das testemunhas.

Essas pessoas apresentam um déficit de ativação do complexo amigdaloide[42]. O núcleo de neurônios situado na extremidade anterior do anel límbico* não se ativa, como faria se o psicótico sentisse uma emoção de angústia ou de alegria, de raiva ou de medo ao se masturbar em público. Fechado nele mesmo, responde a um estímulo que vem de seu próprio corpo sem levar em conta o que sua reação vai provocar na cabeça dos outros. Descentrar-se da percepção de si para se imaginar um não-si é uma performance que os psicóticos têm muita dificuldade de realizar. Levar em conta a perspectiva alheia necessita da integridade do sistema nervoso, circuitado nas interações precoces e ativado pela presença de um outro que se deseja encontrar.

Você precisa ser louco para não acreditar no delírio dele

Quando sua formação precoce não lhe permitiu aprender a retardar uma satisfação, o sujeito reage de imediato à sua pulsão porque não aprendeu a esperar que um outro intervenha mais tarde. Essa ideia foi testada fornecendo-se uma recompensa imediatamente depois do sinal que a anuncia[43]. Todos os mamíferos que foram satisfeitos sem demora se tornaram intolerantes à frustração. Quando o sinal promissor não era seguido da recompensa instantânea prevista, as reações emocionais eram intensas e a agressividade do frustrado se explicava por uma falta superaguda. Outros animais foram recompensados irregularmente. Nesse grupo, nunca houve reações emocionais

....

42. Green, M. J., "La persécution (ressentie): un évitement actif", *Neuroscience Biobehavior Revue*, 28 (3), 2004, pp. 333-42.

43. Padini, M. R.,"Comparative psychology of surprising non reward", *Brain, Behavior and Evolution*, 62, 2002, pp. 83-95.

de impaciência ou raiva, como se tivessem adquirido uma aptidão para retardar a satisfação, para tolerar a frustração.

Essa aprendizagem precoce das reações emocionais tornou-se hoje visível pelas neuroimagens das crianças autistas[44]. Quando uma criança vê alguém comendo, ativa os neurônios-espelho na região da sua frontal inferior, que imediatamente se conecta com a área pré-frontal da antecipação e com o circuito límbico da memória e das emoções*. Na mesma situação, a criança autista ativa a área parietal anterior esquerda da sensibilidade do hemicorpo direito e se conecta com a área associativa visual direita. Para ela, ver alguém comendo não a prepara para realizar uma ação idêntica, mas desencadeia a sensação de ser tocada no seu hemicorpo direito! Com relação aos autistas, é clássico o espanto provocado por suas sinestesias, em que uma percepção se associa com uma via sensorial inesperada, como a audição de uma música que provoca um gosto na boca ou o enunciado de uma letra do alfabeto que evoca uma cor. Quando uma pessoa observa uma outra e seus neurônios-espelho a preparam para fazer a mesma coisa, pode-se pensar que esse modo de se pôr no lugar do outro prediz um tipo de sociabilidade. Em contraposição, quando uma criança autista tem uma sensação estranha no seu hemicorpo direito porque viu um colega comendo uma maçã, pode-se predizer uma sociabilidade estranha. Sabe-se que os autistas são invadidos pelos sons e pelas imagens, o que explica seu pavor frequente e às vezes sua impressionante memória para a música e as imagens. Contudo, por permanecerem coladas ao significante que as submerge, têm dificuldade de se separar e de criar o espaço no qual as outras crianças organizam pontes de palavras[45].

Essa ausência de separação que impede a distinção entre o si e o não-si existe também nos paranoicos, que não conseguem

....

44. Davis, K. M.; Goldring-Ray, S.; Kraft, R. H., "Attachment security and frontal asymetry: differences in emotion regulation strategie, Poster", *American Psychological Society*, 1998.

45. Golse, B., *Le Développement affectif et intellectuel de l'enfant*, Paris, Masson, 1989.

distinguir-se de seus perseguidores: "Ele sente o que eu sinto, pensa o que eu penso, acredita no que acredito." Essa convicção é uma evidência para ele. Sabe muito bem o que sente e o que quer fazer, percebe claramente o que atribui ao outro. Essa não-distinção entre si próprio e os outros explica por que os psicóticos nos dizem com tanta frequência que você tem de estar louco para não acreditar no delírio deles.

Empatia e cinema

O simples fato de se apegar a alguém nos obriga a um trabalho de descentramento. Por meio das neuroimagens da empatia dos casais podemos ver e compreender como essa aventura se inicia[46]. Postulemos que os casais apaixonados são atentos um ao outro. Num primeiro momento, a senhora é colocada numa máquina de ressonância magnética. Infligem-lhe um choquinho elétrico nas costas da mão, o que nos permite ver a zona cerebral alertada pela convergência das vias da dor: a área do cíngulo anterior*. Depois, diante dela, inflige-se ao senhor o mesmo choquinho: no cérebro da senhora que não recebeu o choque vê-se a mesma zona cingular ser ativada. Por fim, escreve-se simplesmente sobre um quadro a intensidade do choque que o seu amado irá supostamente receber e se nota que o mero enunciado, o número escrito, também estimula a zona cerebral da dor da senhora. A parte anterior da área do cíngulo anterior, a ínsula, o tálamo e a parte parietal sensitiva* que recebe as informações cutâneas da mão passam para o vermelho, como se a senhora tivesse realmente recebido o choque. Seja a dor percebida ou imaginada, quer ela passe pelas vias neuroquímicas ou pela percepção de uma palavra, é a mesma zona cerebral que, alertada, provoca uma emoção sentida no corpo. O mero fato de imaginar em nosso mundo psíquico o sofrimento de alguém que amamos

....

46. Holden, C., "Imaging studies show how brain thinks about pain", *Science*, vol. 303, 20 de fevereiro de 2004.

provoca em nós um mal-estar biológico[47]. Quando aquela que eu amo sofre, não sofro como ela, mas não consigo ficar feliz. Meu bem-estar depende de sua felicidade.

É possível agir sobre qualquer ponto do sistema do sofrimento, que tem diferentes portas de entrada. Um medicamento pode modificar as substâncias mediante as quais as vias neuroquímicas podem transportar a dor. Pode-se igualmente remanejar as representações de imagens e de palavras que, de qualquer modo, estimularão a mesma zona cerebral. Um quadro, um romance, um filme ou uma psicoterapia modificam nossos sentimentos, já que acontece de chorarmos no cinema mesmo "sabendo que não é pra valer", ou de "ver as coisas de outro jeito" depois de um trabalho verbal. O poder de uma representação sobre nosso corpo é tão grande que a expectativa de uma dor já é um sofrimento, e que a esperança de um alívio nos acalma imediatamente. Portanto, a palavra que possibilita o remanejamento das emoções pode ser tanto uma bênção como uma maldição. Uma frase nos encanta, outra nos tortura. As narrativas culturais em que estamos imersos podem nos euforizar quando a realidade está destituída de esperança assim como podem nos abater numa situação sossegada. O placebo (que agrada) possui um efeito biológico[48] assim como o nocebo (que prejudica). Aquela que espera a dor sofrerá bem mais com ela, como se via na época em que os relatos familiares e culturais preparavam as mulheres para "parir na dor". O surgimento do chamado parto "sem dor" e das técnicas de controle do sofrimento graças às injeções peridurais fazem com que hoje muitas jovens mães possam controlar a dor... sem nenhuma injeção! O simples fato de saber que isso é possível torna o fato possível.

Por meio das neuroimagens, pode-se observar como uma crença chega a modificar os circuitos neurológicos da dor. Uma nevralgia de origem física passa pelos captadores mecânicos es-

47. Singer, T.; Seymour, B.; O'Doherty, J.; Kaube, H.; Dolan, R. J.; Frith, C. D., "Empathy for pain involves the affective but not sensory components of pain", *Science*, vol. 303, 20 de fevereiro de 2004.

48. Lemoine, P., *Le Mystère du placebo*, Paris, Odile Jacob, 1996.

pecializados, as fibras nervosas sem mielina, os cordões posteriores da medula, os interneurônios do tálamo, que a projetam para o córtex da área do cíngulo*, que é finalmente ativada após esse longo percurso. Basta contudo induzir uma crença por meio de um relato, um filme ou dando à pessoa um placebo temperado com palavras para observar que essa estimulação alerta prioritariamente a área pré-frontal que inibe as vias da dor e se conecta diretamente com a parte posterior da área do cíngulo, aquela cuja estimulação desencadeia uma sensação de bem-estar e às vezes de euforia[49]. Essa crença num efeito medicamentoso ou numa proteção sobrenatural não é suficiente quando a dor é extrema ou quando o sujeito não adere à sugestão, mas muitas vezes consegue modificar a intensidade do sofrimento, às vezes até de maneira espetacular.

Uma gargalhada desesperada

Na vida cotidiana, não é raro observar uma reação paradoxal por ocasião de um enterro ou depois de uma má notícia. A pessoa, autenticamente infeliz, luta com todas as forças contra a expressão de seu sofrimento. Sem querer, estimula desse modo o oximoro neuronal, a área pré-frontal, base neurológica da antecipação conectada à parte posterior da área do cíngulo*, base das sensações eufóricas. Podemos observar então um membro de uma família enlutada, profundamente infeliz, estourar de rir no cemitério ou exprimir uma alegria de que se envergonha, mas que não pode impedir.

Um estudante de medicina, num dia de plantão no hospital, ajudou o cirurgião a operar de emergência um garoto de quinze anos que dera um tiro de fuzil na própria barriga. Quando o abdome foi aberto, ficou evidente que o fígado e o

....

49. Wager, T. D.; Rilling, J. K.; Smith, E. E.; Sokolok, A.; Casey, K. L.; Davidson, R. J.; Kosslyn, S. M.; Rose, R. M.; Cohen, J. D., "Placebo: induced changes in MRI in the anticipation and experience of pain", *Science*, vol. 303, 20 de fevereiro de 2004.

baço, completamente despedaçados, estavam imersos numa papa de carne e sangue. O garoto morreu na mesa de operação. Na saída do centro cirúrgico, a família que estava esperando num banco levantou-se bruscamente, como se tivesse sido dada a partida para uma corrida. O estudante transtornado teve um ataque de riso e teve de sair correndo para se esconder, envergonhado por essa reação que não pudera controlar. No dia seguinte, tentando entender o que acontecera com ele, explicou que durante toda a infância tivera de lutar contra a infelicidade diária que reinava em sua família. Para limitar o sofrimento, refugiara-se numa busca constante de humor, de poesia e de beleza, o que lhe possibilitara circunscrever a infelicidade. Pode-se imaginar que, na infância, cada vez que recebia uma informação triste, treinava para combatê-la com humor e poesia, o que tinha estimulado os neurônios da parte posterior da área cingular, desencadeantes de sensações eufóricas. Essa circuitaria neurológica, criada por um mecanismo de defesa psicológica contra a angústia, traçara no seu cérebro uma memória que facilitava as respostas eufóricas a cada situação de infelicidade. Os membros da família do jovem suicida, ao pularem todos juntos na direção do estudante transtornado, tinham estimulado essa marca que provocava uma euforia paradoxal.

A existência do oximoro neuronal confirma que os imperativos genéticos são modelados pelas interações precoces. Um bebê geneticamente sadio adquire, sob o efeito das pressões do meio, uma tendência a dirigir as informações preferencialmente para uma zona cerebral que provoca uma sensação de sofrimento ou para a zona vizinha que responde mediante uma sensação eufórica. A orientação da direção é fácil porque esses dois sentimentos, aparentemente opostos, estão na verdade circuitados por vias neuronais muito próximas.

A história dá sentido à empatia

O fato de que, num organismo, sejam traçadas desde cedo respostas preferenciais de tristeza ou de alegria não exclui as significações psicológicas. Os fatos vêm carregados de um sentido dado por nossa história. Quando a mulher de meus sonhos sorri secamente, sei que ela está com raiva e quer esconder isso de mim. Os outros à nossa volta não possuem a familiaridade que me permite saber que ela só sorri assim quando se sente mal. Acham que está alegre, mas sei que ela está triste e seu mal-estar me deixa tenso porque não consigo ficar feliz quando ela está infeliz. Se pudéssemos olhar o cérebro dela funcionado quando ela sorri assim, provavelmente veríamos seus dois polos temporais serem ativados para desencadear a contração dos músculos da comissura dos lábios, mas descobriríamos ao mesmo tempo a conexão instantânea com a banda inferior dos lobos frontais dirigindo a estimulação para a área do cíngulo anterior que desencadeia uma sensação de mal-estar. Eu, que a conheço como a palma de minha mão, não preciso ver sua tomografia para saber que está irritada. Um minúsculo indício comportamental percebido nos seus lábios basta para me deixar mal porque ela está mal.

Suponhamos agora que por causa de minha história adquiri na infância medo das mulheres: só me sinto forte quando ela está fraca. Sua fragilidade me tranquiliza e provoca em mim uma reação de gentileza que todo o mundo admira. Quando ela está mal, sinto-me carinhoso e com vontade de cercá-la de cuidados porque perco o medo que tenho dela. Funcionamos juntos de maneira pré-verbal e no entanto é nossa história que, atribuindo a um fato significações diferentes, harmoniza nossos cérebros e nossos sentimentos num contraponto empático. Na maioria dos casais, a felicidade de um euforiza o outro. Mas não é raro que, por causa de sua história, um homem se sinta tranquilizado por uma mulher fraca que já não o intimida, ou que uma mulher assustada pelos homens seguros demais sinta ternura por um príncipe encantado vulnerável.

A empatia pré-verbal constitui provavelmente o ponto de partida de um estilo relacional. Para defender essa ideia, bastou organizar experimentalmente uma espécie de jogo de Banco Imobiliário: um participante é instruído a trapacear ostensivamente a fim de irritar seus parceiros e provocar um sentimento de injustiça quando ele ganha. Depois da partida, pede-se a um outro jogador para passar por uma ressonância magnética. Em seguida, manda-se o trapaceador e um jogador honesto sentarem de cada lado da pessoa cujo funcionamento cerebral está sendo examinado. Quando o experimentador envia um choquinho elétrico nas costas da mão do parceiro honesto, a área do cíngulo anterior da pessoa observada adquire a coloração vermelha das fortes combustões, demonstrando assim que ela assume sua parte empática da dor do outro. Mas, quando se aplica o mesmo choque na mão do trapaceador, o cérebro da pessoa observada conserva sua cor azul de repouso cerebral, revelando que permanece indiferente ao sofrimento do mau jogador. Os homens manifestariam mais que as mulheres essa interrupção da empatia por um participante que não entra no jogo[50].

A proximidade afetiva que aumenta a empatia impregna-se na memória em função dos encontros diários em que se tece o apego. Pode-se até pensar que cada cultura produz relatos placebos ou nocebos em que os indivíduos estão imersos. Experimentam, assim, sentimentos de euforia ou de abatimento induzidos muito mais pelo que é contado do que pelo que é real. As ideologias extremistas utilizam o efeito placebo ou nocebo dos relatos para manipular nossos sentimentos. O angelismo se opõe ao diabolismo, os amanhãs venturosos provocam uma maravilhosa emoção que contrasta com os discursos sombrios dos passadistas. "A forma mítica predomina sobre o conteúdo do relato"[51], a maneira de dizer molda o modo como o outro sente o mundo que lhe é apresentado. E, se por sorte acreditarmos num mesmo relato, ele plantará em nós uma sensação de

50. Singer, T.; Seymour, B.; O'Doherty, J. P.; Klass, E. S.; Dolan, R. J.; Frith, C. D., "Empathic neural responses are modulated by the perceived fairness of others", *Nature*, vol. 439, 26 de janeiro de 2006, pp. 466-9. (Artigo indicado por Pierre Vassaly, Genebra.)

51. Lévi-Strauss, C., *Anthropologie structurale*, Paris, Plon, 1958, citado *in* Barus-Michel J., *Souffrance, sens et croyance*, Ramonville-Saint-Agne, Érès, 2004, p. 75.

mesma família, vamos nos sentir "irmãos", nos entender e nos amar. "A imitação... que põe a ênfase nos aspectos gregários da humanidade"[52] permite-nos viver juntos e compartilhar um mesmo mundo de palavras e emoções.

A verbalidade não é um mundo paralelo. Entre o real e sua representação, o cérebro é o traço-de-união que explica como a empatia nos possibilita viver juntos para o bem e para o mal.

....

52. Girard, R., *Des choses cachées depuis la fondation du monde*, Paris, Grasset, 1978, pp. 15-6.

Capítulo V
Casamento da história com o cérebro idoso

Velhice animal

Quando cheguei à terra, pouco antes da Segunda Guerra Mundial, o mundo estava povoado de velhos, de "gente grande", como se dizia. Ora, estes últimos anos, constatei que está povoado de jovens que me consideram seu avô! É evidente, podem verificar. Não sei como ousam dizer que a população envelheceu.

Depois de dois ou três sonhos realizados e alguns outros fracassados, conservo a esperança e trabalho em meus projetos. À minha volta, as pessoas têm idades cada vez mais avançadas, mas ficam velhas cada vez mais tarde. Pergunto-me como lidaram com o inevitável envelhecimento biológico que começa já na juventude e com o incontornável relato que diz o que os antigos são. O declínio, o crepúsculo dos velhos de que se fala no Ocidente não tem nenhum sentido no Oriente, onde a representação de um tempo cíclico prepara para o renascimento e não para o naufrágio. Será que poderíamos considerar o envelhecimento como um processo precoce que nada tem de patológico?[1]

....

1. Richard, J., introdução de A. Lejeune (org.), *Vieillissement et Résilience. Les interactions tardives*, Marselha, Solal, 2004, p. 17.

A noção de plasticidade cerebral nos ensina que o idoso otimiza o que já aprendeu e compensa selecionando as atividades em que ainda tem bom desempenho. Deve-se portanto distinguir o envelhecimento saudável das patologias associadas, biológicas, psicológicas e culturais.

Os modelos animais nos ajudam a pensar, mas não são sistematicamente transponíveis para o homem. Se para os ratos a vacina anti-Alzheimer é totalmente protetora, nos humanos provoca encefalopatias mortais. O microcebo é um macaco lemuriano muito pequeno de Madagascar que mede doze centímetros, pesa oitenta gramas e morre com três ou quatro anos. Em cativeiro, pode chegar a viver doze anos, fornecendo assim um modelo para os distúrbios cerebrais que aparecem com a idade[2].

Alguns animais idosos apresentam lesões neurológicas comparáveis às de um homem com Alzheimer, como as proteínas Tau que se aglutinam sob forma de filamentos em hélice. Nas paredes dos vasos sanguíneos cerebrais há também depósitos de amiloides que acabam constituindo placas. O cativeiro, ao multiplicar por quatro a expectativa de vida desses macaquinhos, faz aparecer uma fusão dos neurônios na base do cérebro anterior[3]. A neuroimagem revela uma atrofia da matéria cerebral. A alteração do circuito límbico pode ser identificada graças à diminuição da olfação que desemboca nessa zona. É comum a perseverança dos erros, pois a memória do animal fica tão alterada que já não lhe permite corrigir seus comportamentos mal adaptados.

Os cães nos fornecem outro modelo que, sem extrapolar, coloca algumas questões para os humanos. Nem todos os cães de uma mesma ninhada se desenvolvem da mesma maneira, e

....

2. Joly, M.; Verdier, J.-M., "Le microcèbe: un modèle primate pour l'étude du vieillissement cerebral et des pathologies associées", *in* A. Lejeune (org.), *op. cit.*, p. 26.

3. Bons, N.; Jallageas, V.; Mestre-Frances, N.; Silhol, S.; Petter, A.; Delacourte, A., "Microcebus murinus, a convenient laboratory animal model for the study of Alzheimer's disease", *Alzheimer Research*, 1. 1995, pp. 83-7.

eles reagem diferentemente aos inevitáveis acidentes de sua vida de cão. Ao envelhecerem, perdem muitas habilidades físicas e reduzem suas atividades relacionais. Dez por cento dos cães humanizados ultrapassam a idade de quinze anos, que jamais teriam alcançado num meio sem homens.

O envelhecimento normal se caracteriza, como em todos os seres vivos, por uma lentificação motora e um desinteresse gradual. A diminuição de suas respostas não é uma surdez, já que ficam indiferentes à campainha que anuncia uma visita, mas se levantam de um só pulo quando alguém amassa um papel de bolo[4]. Buscam menos o contato com estranhos e se tornam medrosos, o que muitas vezes provoca um hiperapego que deixa seus donos muito felizes: "Ele está ficando tão bonzinho."

Os transtornos mentais ficam cada vez mais frequentes: ataques de confusão, desorientação espacial e temporal, que o dono interpreta como fuga, agressividade surpreendente, inércia, retraimento, mastigação, distúrbios esfincterianos... como entre macacos e homens. A tomografia revela uma fusão cerebral com dilatação dos ventrículos. Mas a análise das células do córtex mostra lesões bioquímicas diferentes das doenças de Alzheimer humanas.

De modo geral, os cães idosos que escapam dessas afecções degenerativas costumam ser de tamanho pequeno, ter sofrido menos traumas na vida e menos rupturas afetivas por mudança de adoção. Como de hábito, o que vale para uma população não vale para todos os indivíduos desse grupo. Alguns grandes cães, multitraumatizados e que viveram em várias casas adotivas, envelhecem muito bem, confirmando assim que outros fatores biológicos ou afetivos exerceram uma influência protetora contra essa afecção degenerativa.

....

4. Beata, C.; Marion, M.; Marlois, N.; Massai, N.; Mauries, J.-P.; Muller, G., "La résilience chez les âgés: pléonasme ou oxymoron?", *in* A. Lejeune (org.), *op. cit.*, p. 38.

O desgaste dos corpos. Causas naturais e culturais

O mundo mental dos cães compõe-se de representações sensoriais, ao passo que o dos humanos é preenchido sobretudo por representações verbais que explicam o destino variável de nossos traumatizados. Um trauma pode marcar a vida de um cão ou desaparecer, segundo a convergência de fatores biológicos e ambientais de proteção. Já um homem, ao superar suas feridas e provocar o olhar de admiração dos que o cercam, pode sentir o prazer da vitória e modificar a ideia que tem do que lhe aconteceu. Vemos então pessoas gravemente feridas conseguirem num segundo momento fazer desse sofrimento passado uma experiência construtiva[5], um trabalho de resiliência. Os antigos combatentes da Segunda Guerra Mundial que conseguiram utilizar seu sofrimento para fazer dele um trabalho de reflexão e de engajamento social viram-se menos atormentados por síndromes psicotraumáticas e acabaram organizando uma velhice feliz[6]. Em termos reais, seus sofrimentos foram imensos, mas, na representação desse real, com o recuo do tempo e a busca de um sentido a ser compartilhado, a infelicidade que sentiam evoluiu para uma felicidade, apesar de tudo. Como a defasagem temporal modifica as representações, poder-se-ia tentar elaborar uma filosofia do tempo no idoso associando a biologia da memória com as representações antropológicas.

As leis físicas se enfraquecem porque a realidade se desgasta[7], a vida biológica se debate contra a morte e, curiosamente, é a vida psíquica que se mantém por mais tempo e se contrapõe ao desaparecimento graças às representações transmitidas pelos

....

5. Affleck, G.; Tennen, H., "Constructing benefits from adversity: adaptational significance and dispositional underpinnings", *Journal of Personality*, 64, 1996, pp. 899-922.

6. Aldwin, C. M.; Levenson, M. R.; Spiro, A., "Vulnerability and resilience to combat exposure: can stress have lifelong effects?", *Psychology and Aging*, 9, 1994, pp. 33-44.

7. Klein, E., "La physique du temps et du devenir", *in Penser le temps pour lire la vieillesse*, Fundação Eisai, Paris, PUF, 2006.

séculos ou milênios. Quando os indivíduos físicos morrem, a ideia que deles guardamos persiste por muito tempo em nós. Quando morrer está no coração do vivo, o apego que sentimos pelos que se foram inicia outras formas íntimas e coletivas de vida.

O modo mais seguro de viver por muito tempo é escolher pais que viveram por muito tempo. Se você fosse uma sequoia ou uma oliveira, poderia contar com uma vida de vários milhares de anos. Se fosse uma tartaruga ou papagaio, teria de se contentar com alguns séculos de vida. Como você é baleia, corvo ou ser humano, pode esperar apenas um seculozinho no mundo. É melhor que os ratos ou os macacos-de-cheiro, que não passam dos três anos, ou que as moscas, que só voam três dias. A morte é geneticamente determinada[8], o que não quer dizer que seja um destino inexorável, pois a biologia nem sempre cumpre suas promessas. Quando a tecnologia e os direitos do homem modificam a ecologia e o modo de viver, a morte não chega na data prevista. Até o século XIX, as mulheres morriam muito novas e uma criança em cada duas falecia no primeiro ano de vida, como atesta a datação da idade dos esqueletos nas sepulturas. Somente os aristocratas e alguns grandes burgueses, ou seja, 2% da população, ultrapassavam os 80 anos que hoje alcançamos.

No século XXI, os pobres morrerão antes dos ricos, os bons alunos darão uns bons velhinhos e 50% das meninas nascidas no ano 2000 se tornarão centenárias. A apoptose[9], a queda das folhas no outono e a autodestruição das células gastas, apesar de seu determinante genético, variam conforme o meio ecológico e social. Às vezes, a apoptose se desregula e as células executam em vinte anos a quantidade de divisões celulares previstas para cem anos, como na síndrome de Werner, em que as crianças se

....

8. Nothias, J.-L.,"Y a-t-il une limite à la durée de la vie humaine?", *Le Monde*, 13 de outubro de 2005, e Institut de la longévité et du vieillissement Émile-Beaulieu.

9. Índice de Hayflick, quantidade de divisões celulares que um organismo não pode ultrapassar, mas que pode gastar rápido ou lentamente: 100 divisões para uma tartaruga, 50 para um homem, 25 para um frango.

tornam velhas já aos dez anos. Em geral, é a modificação da ecologia e o modo de viver o dia-a-dia que desgastam os organismos ou preservam o capital biológico.

Portanto, a morte tem valor criativo, já que a periodicidade que elimina os indivíduos, os grupos e as espécies dá uma chance a outros modos de vida. Sem a morte, o mundo vivo seria velho e deteriorado[10]. Graças à morte celular, parte do corpo dos velhos permanece jovem, graças ao desgaste, certos elementos do corpo social dão lugar à juventude, e o desaparecimento das espécies possibilita o desenvolvimento de outros seres vivos.

Quando o encontro sexual inventa indivíduos geneticamente novos, são as leis sociais que facilitam seu desenvolvimento ou entrave[11]. Em duas gerações, graças à tecnologia, a expectativa de vida dos homens aumentou consideravelmente e a das mulheres explodiu. Mas o modo de vida antes dos 65 anos participa da determinação dessa nova expectativa, porque os operários desfrutam pouco da aposentadoria, ao passo que os professores se beneficiam mais dela[12]. A globalização da velhice explica, no Ocidente, o deslocamento do poder político e econômico para os mais velhos. Quem sabe até as modificações culturais recentes, que se caracterizam pela explosão da memória histórica, pelos relatos das guerras do século XX e das condições de vida das gerações passadas acabem dando sentido à vida psíquica das pessoas idosas?

A longa memória dos idosos

A neurologia permite imaginar qual seria a condição humana de um homem destituído de senso. As três mil loboto-

....

10. Bonis, L. de, *Évolution et extinction dans le règne animal*, Paris, Masson, 1991, pp. 164-87.

11. Susanne, C.; Rebato, E.; Chiarelli, B. (orgs.), *Anthropologie biologique. Évolution et biologie humaine*, Bruxelas, De Boeck, 2003.

12. Fonte OCDE (Organização de cooperação e de desenvolvimento econômico).

mias realizadas todos os anos na França por causa de acidentes de carro e de moto, as 100 mil atrofias frontotemporais muitas vezes confundidas com doenças de Alzheimer demonstram sem nenhuma dificuldade como a incapacidade neurológica de antecipar modifica os comportamentos empáticos. Um lobotomizado urina diante de todo o mundo, porque responde à estimulação imediata de sua bexiga sem se incomodar com o embaraço que sua urinação vai provocar depois no mundo mental dos outros. Os comportamentos de conversação das demências frontotemporais provocam mal-estar, porque aqueles que dela sofrem sustentam o olhar de forma indecente, respondendo tão-somente a seu interesse imediato sem se preocupar com o efeito que vão produzir, tal como fazem os bebês que ainda não têm acesso à empatia. Os afásicos, por sua vez, conseguem planejar uma conduta, ir buscar uma ferramenta para cuidar do jardim, preocupar-se com a reação do outro, mas não conseguem dizê-lo. O que interrompe a empatia é a incapacidade de representar o tempo e não a falta da palavra.

Construímos a ideia que temos de nós mesmos, damos forma a nosso passado com lembranças precisas ou recompostas, às vezes com falsas lembranças por meio das quais podemos governar nosso futuro, porque conhecemos nossos hábitos passados. Só podemos fazer esse trabalho se nosso lobo pré-frontal da antecipação permanecer conectado com o circuito límbico da memória e se nosso entorno dispuser a nossa volta algumas figuras marcantes e acontecimentos sociais para balizar nossa memória íntima.

A memória de trabalho, aquela que transforma os acontecimentos recentes em lembranças, diminui a partir dos sessenta anos. Torna-se difícil repetir uma série de dez números ou nomes escolhidos ao acaso. A memória dos relatos, por outro lado, melhora com a idade. Tende-se até mesmo a crer que essas histórias são edificantes e provas de sabedoria, quando na verdade se trata simplesmente do resultado de uma estratégia de vida mil vezes repassada, mil vezes revisada, que proporciona ao idoso uma certeza reiterada.

Em contraposição, os velhos que ainda querem realizar um sonho ou terminar um projeto vivem na antecipação. Desejam pintar, encontrar, entender e se engajar em ações humanas. Seus relatos permanecem voltados para o futuro, despertando ainda uma esperança e criando um sentimento de familiaridade tranquilizador[13].

Os relatos dos idosos alternam lições de vida e criações em busca de acontecimentos. Em ambos os casos, as narrações opostas preservam sua identidade. Mesmo na restrição temporal das demências, em que o doente já não consegue antecipar ou ir buscar lembranças, algumas migalhas ressurgentes mantêm a estrutura de um eu esquelético: "Ele interrompe bruscamente as frases no meio do relato, assim como interrompe seus comportamentos quando vai buscar algo e esquece o que ia pegar", contava-me a sra. D. "Ele se sente melhor quando uma lembrança ressurge. Repete muitas vezes: 'Cheguei em Bizerte com toda a minha família e meu comandante me disse: Não o mandei chamar.' Então ele sorri e vejo que está sossegado."

Às vezes contamos algo cuja fonte esquecemos. Não sabemos por que contamos tantas vezes um filme romântico que ainda nos emociona. Esquecemos que fomos vê-lo com nossa primeira namorada quando tínhamos quinze anos. Uma percepção banal desencadeia uma evocação pessoal. Uma música antiga, um par de chinelos velhos ou um quadro desbotado provocam uma reminiscência visual. Assim como o gosto da *madeleine* de Proust, uma imagem evoca uma cena passada.

Momentos privilegiados de nossas reminiscências

Nos idosos, contudo, há sempre um "pico de reminiscências"[14], um momento de sua biografia mais fácil de evocar: os

....

13. Clarys, D., "Mémoire épisodique et vieillissement", *Le Journal des psychologues*, 183, dez.-jan. de 2001, pp. 76-7.

14. Fitzgerald, J. M., "Vivid memories and the reminiscence phenomenon: the role of a self narrative", *Human Development*, 31, 1998, pp. 261-73.

acontecimentos ocorridos entre dez e trinta anos constituem a coluna vertebral de nossa identidade. Quarenta ou cinquenta anos depois, ligamos preferencialmente os objetos e os acontecimentos que percebemos com esse período sensível de nossa mocidade, em que o afetivo e o social se preparam para dar sentido a toda a aventura de nossa vida.

Os exercícios físicos, os prazeres intelectuais e as relações afetivas têm um efeito protetor de nossos neurônios. É por isso que sempre se disse que os pequenos gênios davam bons velhos. De fato, o que protege seus neurônios não é o tamanho de seu quociente intelectual, mas o modo de viver que dele decorre. A socialização que hoje a escola possibilita deu-lhes responsabilidades, incitou-os a ler, refletir, viajar e encontrar pessoas, estimulando seu cérebro sem parar. Esse estilo de vida os protegeu do envelhecimento mórbido. Os bons aluninhos que nossa sociedade paparica terão, quando velhos, menos atrofia cerebral que a população em geral[15].

Inversamente, as rupturas afetivas precoces, orientando para uma vida difícil, induzem "um trabalho de luto não elaborado que acarretaria a produção de amiloides e a perda celular em zonas como o hipocampo, preparando assim o terreno para a demência"[16]. Nesse gênero de raciocínio, que associa a clínica médica com a psicologia do cotidiano e a biologia fundamental, é uma enxurrada de causas tanto destrutivas como protetoras que nos orienta para a demência ou dela nos afasta. O que melhor protege nossas funções cognitivas é a higiene de vida: os exercícios físicos, os esforços intelectuais, a rede afetiva familiar e de amizades, os pequenos estresses que nos deixam ligados e as férias que nos entorpecem criando alternâncias que impedem a rotina e dão a sensação de viver. O esporte leve, o casa-

....

15. Coffey, C.; Saxton, J.; Ratcliff, G.; Bryan, R.; Lucke, J., "Relation of education to brain size in normal aging implications for the reserve hypothesis", *Neurology*, 53, 1999, pp. 189-96.

16. Gualdo-Magaud, N., "La maladie d'Alzheimer. Questions sur la recherche illustrées par le programme ABORD (Alzheimer banque d'observation de recherches et de données), tese de medicina, Lyon-I, 2001, p. 171.

mento, a amizade e os desacordos intelectuais são nossos melhores medicamentos. A hereditariedade e os traumas têm pouco efeito sobre os envelhecimentos mórbidos[17]. Já o tabagismo, o sedentarismo, o sobrepeso ou pouco peso e sobretudo o isolamento afetivo e intelectual constituem os principais riscos de uma velhice difícil.

O apego que organiza nosso modo de amar e de nos socializar está no âmago da velhice, assim como foi o pivô dos primeiros anos. A estampagem afetiva inscreveu em nossa memória o gosto que o mundo tem para nós. Quando nosso envoltório afetivo nos tranquilizou em nossas interações precoces, o gosto do mundo é leve, agradável e perfumado. Mas, quando algo em nós ou em torno de nós sofreu, é um gosto amargo que a vida costuma ganhar. Essa tendência não é uma fatalidade, porque as estampagens são aprendizagens cognitivas que evoluem como todas as memórias, sendo apagadas ou reforçadas. Ora, há momentos na vida em que o apego é particularmente maleável. Nos primeiros anos as impregnações são fulgurantes, todos os neurônios enviam prolongamentos sinápticos em todos os sentidos e a toda velocidade. Cada encontro tem um poder de moldagem. Depois, o organismo se acalma e, quando o meio é estável, a criança estabelece suas relações empregando o estilo afetivo que aprendeu de modo não consciente. A adolescência constitui um novo período sensível, porque o fluxo hormonal e os primeiros amores avivam os neurônios, motivando novas aprendizagens[18]. A testosterona explode no menino multiplicando-se dezoito vezes em algumas semanas, ao passo que na menina o estradiol aumenta lentamente em um ou dois anos[19]. Os traumas, as inevitáveis provações e reviravoltas da vida influem nas estampagens, com efeitos que variam conforme o sexo, a idade, a receptividade biológica e a significação dos acon-

....

17. Vaillant, G. E., "The association of ancestral longevity with successful aging", *Journal of Gerontology, Psychological Sciences*, 46, 1991, pp. 292-8.

18. Bee, H.; Boyd, D., *op. cit.*, p. 238.

19. Biro, F. M.; Lucky, A. W.; Huster, G. A.; Morrisson, J. A., "Pubertal staging in boys", *Journal of Pediatrics*, 127, 1995, pp. 100-2.

tecimentos. A cada transação, o gosto do mundo muda e modifica nosso modo de estar nele.

A idade avançada constitui um último período sensível. O envelhecimento neuronal obriga o idoso a realizar uma transação contraditória: sua identidade narrativa, mil vezes revisada, lhe dá certezas históricas no momento em que o mundo à sua volta muda. Ele se sente mais estável que nunca e, no entanto, experimenta o meio em que vive como uma estranha novidade. As interações tardias[20] têm de negociar com esses dados. A criança sente o mundo como uma evidência encantada, ao passo que para o velho ele se torna mal conhecido, numa idade em que as aventuras exploratórias já não o tentam.

Novas formas de amar

A constelação afetiva também muda com o tempo. Os pais do idoso morreram, o companheiro já não é sexual, os velhos amigos desaparecem, é difícil haver novos encontros e os filhos, levados pela vida, permanecem apegados a seus velhos pais, mas de longe. O mundo afetivo que rodeia os idosos se empobrece, mas, como o relato de si está gravado na memória deles, as antigas figuras de apego internalizadas, mediadas por objetos e símbolos, evocam incessantemente no fundo deles mesmos o amado ausente. Podem manter um vínculo afetivo forte com uma figura ausente simplesmente lembrada por uma foto, uma carta ou um pequeno objeto.

O poder simbólico é tão poderoso que transfigura a bugiganga. A pessoa que está só na vida, abandonada por todos em um mundo desconhecido, pode se aproximar de Deus, ir para um local de oração esperando encontrá-lo, perceber os objetos ou os símbolos que evocam sua presença e participar de ritos de interação com Ele. A prece, as posturas, os ritos, os rosários, os cantos e o incenso materializam a interação divina. Esses objetos sim-

....

20. Lejeune, A. (org.), *op. cit.*

bólicos estão ali para evocar aquele que não se pode ver mas que no entanto faz brotar em nós um sentimento de proteção e de segurança, tal como nossa mãe fazia sessenta anos antes.

O idoso responde a uma representação tranquilizadora internalizada, impregnada em sua memória. Por isso os velhos que retornam a Deus costumam ser aqueles que já conviviam com ele quando crianças[21]. Mesmo aqueles que nunca conheceram Deus e que o encontram com idade avançada sentem a euforia do reencontro. O psiquismo tem horror do vazio, então, quando uma pessoa idosa tenta imaginar o depois da morte, sente uma espécie de vertigem na beira do abismo e se sente apaziguada quando coloca Deus ali.

O retorno a Deus simboliza o reencontro mediante o qual era possível superar a angústia da separação. O que se domina não é o medo da morte, é a tristeza da perda de um homem ainda vivo. O contato tranquilizador com Deus já não é físico, como era com a mãe, é simbólico já que necessita da presença de objetos de culto, de locais de oração e de ritos interativos que evocam o Todo-Poderoso representando-o. Antes de falar, o bebê era tranquilizado por uma percepção, um barulho familiar, um cheiro, uma carícia, mas, depois que a criança começou a falar, passou a habitar um mundo de representações e se tornou capaz de se tranquilizar simplesmente evocando a figura de apego ausente: "A mamãe vai voltar... O papai vai matar os homens maus..." Dali em diante, qualquer indício evocava o ausente e acalmava a tristeza do pequenino. Ora, o mundo sensorial que rodeia o idoso vai se empobrecendo à medida que seu mundo interno de representações se enriquece. Já não é necessário que a figura de apego esteja presente, pois está internalizada: um nada a evoca e provoca um apaziguamento. O idoso nunca volta à infância[22]. Deus, como base de segurança

....

21. Granquist, P.; Hagekull, B., "Religiousness and perceived childhood attachment: profiling socialized correspondence and emotional compensation", *Journal of the Scientific Study of Religion*, 38, 1999, pp. 254-73.

22. Cyrulnik, B.; Delage, M., Lejeune A., *Résilience et mémoire: les interactions tardives*, Marselha, Solal, 2006.

internalizada, torna-se um parceiro da vida cotidiana. Acredita-se que ele fala de uma vida alhures, depois da morte, quando na verdade compartilha de nosso cotidiano, tranquiliza, dinamiza, dá sentido e organiza nosso estilo relacional. Apegamo-nos a Ele da forma como nos apegamos na vida, de modo confiante e alegre, às vezes rígido, ambivalente, temeroso até.

Há quem pense que nossos modos de amar mudam ao longo do ciclo da vida. Constatam uma importante diminuição do apego seguro que passa de 66% na população em geral para 33% nas pessoas com sessenta e oito anos[23]. O estilo preocupado, inquieto e maçante concerne apenas a 3% das pessoas dessa população, ao passo que o apego medroso, em que os idosos ficam submetidos e intimidados por aqueles que os tranquilizam, sobe para 12%. A modificação mais clara concerne ao apego distante, que passa para 52% quando na população em geral é de apenas 15%.

Outros tiraram a média dos estudos comparativos entre faixas etárias de vinte a oitenta e oito anos e constataram uma evolução mais moderada. Os seguros continuam predominando (51% aos oitenta anos, contra 66% aos vinte), ao passo que os evitantes aumentam claramente (40% aos oitenta anos, contra 16% aos vinte)[24].

Todo o mundo concorda em dizer que os apegos ansiosos, ambivalentes, desorganizados ou confusos praticamente desapareceram. O apego idoso caracteriza-se portanto pela diminuição dos seguros que ainda são uma pequena maioria e pelo aumento dos distantes. Talvez os idosos sejam menos ansiosos porque tentam menos explorações e projetos extremos, tendem até a se restringir a atividades em que se destacam e a lugares que conhecem, reforçando assim sua base de segurança íntima. Será isso a chamada sabedoria? Já não têm a possibilidade bio-

....

23. Webster, J. D., "Attachment style well-being in elderly adults: a preliminary investigation", *Canadian Journal of Aging*, 16, 1997, pp. 101-11.

24. Magai, C.; Hunziker, J.; Mesias, W.; Culver, C., "Adult attachment and emotional biases", *International Journal of Behavioral Development*, 24, 2000, pp. 301-9.

lógica de receber novas estampagens porque sua sinaptização está mais lenta. Mas podem organizar melhor a vida que lhes convém, reencontrar amigos de infância impregnados em sua memória, retomar com eles a conversa interrompida sessenta anos antes e se distrair com amigos ocasionais a quem se vinculam pouco.

Deus e o apego

A evolução do apego depende imensamente das culturas. Algumas delas tranquilizam os idosos, ao passo que outras aumentam seus apegos distantes de tanto feri-los. A indiferença se torna um fator de proteção quando se sofreu uma enxurrada de traumas, quando se é rejeitado pela cultura, quando a família se desagrega ou quando as ajudas sociais diminuem. Os afro-americanos evoluem mais comumente para o apego distante, uma espécie de indiferença afetiva (83%), que os brancos da mesma cultura (40%). Ora, aqueles que se afastam dos homens por estarem enfraquecidos pela miséria, feridos pelas rejeições e humilhados pelos preconceitos também se afastam de Deus. Quando os idosos estão cercados por uma constelação afetiva, conservam a força e o prazer de crer alegremente em Deus[25].

De modo geral, os idosos são mais religiosos que os jovens: 50% dentre eles incrementam sua fé, ao passo que 8% a perdem[26]. Os que se afastam de Deus encontram-se sobretudo entre os melancólicos, os abandonados e os grandes feridos pela vida. É preciso ter força para crer em Deus e, para se sentir forte, é preciso estar cercado de atenções! Quer o ponto de partida esteja enraizado numa carência de neurotransmissores como na melancolia, quer esse déficit neurobiológico se deva a um isola-

....

25. Cicirelli, V. G., "God and the ultimate attachment figure for older adults", *Attachment and Human Development*, vol. 6, nº 4, dezembro de 2004, pp. 371-88.

26. Wink, P.; Dillon, M., "Spiritual development across the life course: findings from a longitudinal study", *Journal of Adult Development*, 9, 2002, pp. 79-94.

mento afetivo ou a um abandono social, quem tem a alma ferida às vezes já não tem forças para se apegar a Deus.

A idade, o sexo, a cultura e o estilo de apego se conjugam para dar ao crente seu modo de amar a Deus. As mulheres o amam mais que os homens, a cor da pele desempenha um papel menor que a cultura que estimula ou desestimula a fé. A perseguição é um bom meio de reforçar a crença, pois obriga os oprimidos a se solidarizarem e a se recolherem a suas representações compartilhadas de um Deus apaziguador e protetor. As pessoas se apegam melhor àqueles que enfrentam o mesmo inimigo que elas.

Ela tinha dezesseis anos, pairava sobre uma vida sem graça e desprovida de sentido. Certa tarde em que se entediava acreditando estar estudando para os exames de conclusão do ensino médio, atirou-se na cama onde esperava ficar largada e vazia. Sentiu vagamente uma impressão estranha, misto de angústia e euforia, como quando se é levado pela velocidade e se sente ao mesmo tempo medo e prazer. De repente, como numa vertigem, Deus entrou nela!

Não é raro adultos encontrarem Deus depois de um período doloroso. A subitaneidade da passagem da angústia para o êxtase lhes dá uma sensação de iluminação interior a que dão o nome de "revelação". Os consolos divinos muitas vezes aparecem depois de intensas dores psíquicas[27]. E se nos idosos o êxtase é mais suave, é porque, biologicamente, suas emoções já não podem ser violentas e porque exprimem sobretudo apegos leves ou evitantes.

O apego a Deus permite refletir sobre o sentimento religioso como experiência emocional. Não se trata de fornecer provas de sua existência nem de confirmar um dogma. Trata-se simplesmente de entender o efeito afetivo de Deus como um "fervor pessoal, uma iluminação íntima"[28], e não como uma

....

27. Janet, P., *De l'angoisse à l'extase*, Paris, Félix Alcan, 1926, reeditado em 1975 pela Sociédade Pierre-Janet e pelo CNRS, pp. 39-49.

28. Dortier, J. F., "La psychologie de la religion. Pourquoi croit-on en Dieu?" *Sciences humaines*, nº 172, junho de 2006, pp. 54-7.

reflexão sobre a religião. E se em termos gerais os crentes se sentem melhor que os não-crentes é porque conservam no fundo de si mesmos uma base de segurança. O fato de encontrar regularmente pessoas que compartilham da mesma crença, "irmãos" que vêm adorar o mesmo "pai", nos mesmos lugares, com os mesmos rituais, estrutura o envoltório afetivo que sustenta os idosos.

Todas as religiões falam de nossas origens e de nossa morte, de nossa história antes de nosso nascimento e depois de nosso desaparecimento, criando assim uma representação dilatada do tempo, que corresponde à dos idosos e dá sentido à vida deles. Mas esse apego a Deus não tem apenas efeitos benéficos. O envoltório afetivo necessário para o sustento pode se transformar em ditadura do povo crente. Quem não crê como se deve será tratado de ímpio, quem não se submete ao dogma se tornará blasfemo. Ele provoca um escândalo que merece a morte, por causa de um comportamento injurioso que amanhã estará esquecido.

Se a angústia e o êxtase estão muitas vezes associados é provavelmente porque as zonas do cérebro alertadas são vizinhas na área do cíngulo e porque uma estimulação afetiva intensa se espalha para a área próxima e a ativa por sua vez. Ora, os grandes místicos são pessoas muito atormentadas, que caem por surtos no êxtase divino[29]. Isolam-se como fazem as pessoas quando estão sofrendo e se agarram a qualquer rito como se fosse um amuleto da sorte. São rígidos de tanto medo que têm de despertar o sofrimento e sentem qualquer pequeno relaxamento como uma transgressão escandalosa. Os que sabem amar pacificamente os assustam tanto que procuram matá-los ao mesmo tempo que falam do amor a Deus ao qual se agarram desesperadamente.

....

29. Argyle, M.; Hills, P., "Religious experiences and their relations with happiness and personality", *The International Journal of Psychology of Religion*, vol. X, 2000.

Deus e o amor sublime

Os visionários, os comatosos e os grandes ansiosos costumam relatar um êxtase sublime, uma sensação de abandonar o corpo, levitar e expandir-se no cosmos. Quando descem de novo para a terra, quando o par sofrimento-êxtase se acalma, fazem dessa experiência uma prova de sua eleição, uma revelação que lhes possibilitou ir ao encontro de Deus. Um descrente também pode encontrar Deus quando, opondo-se com todas as forças ao sofrimento, sente de repente a sensação de uma expansão de sua alma no universo, o "sentimento oceânico" de que falavam Freud e Romain Rolland[30].

Nessa abordagem afetiva da crença em Deus, não se trata de opor a ciência que diria a verdade a um Deus que não passaria de uma ilusão leniente. A ciência fornece verdades tão breves que na realidade só servem para levantar novas questões, e o apego a Deus simplesmente analisa o modo como o amamos. Pode ser uma estátua, uma imagem, um objeto, um texto ou um signo que representa o não-representável. A forma percebida que evoca Deus ganha um efeito apaziguador, dinamizador e organizador do Eu como qualquer base de segurança. A caçada científica da existência de Deus no cérebro revela que o eletroencefalograma secreta mais ondas alfa numa frequência de oito ciclos por segundo nos crentes. Esse testemunho bioelétrico da atenção calma aumenta durante as orações ao passo que os indicadores biológicos do estresse desaparecem. Até mesmo as neuroimagens mostram que o complexo amigdaloide reduz seu funcionamento e provoca a desaceleração do córtex parietal*. A técnica torna observável o que os místicos chamam de "mergulho interior", que de fato revela uma desconexão com o mundo externo que eles não percebem enquanto dura a associação do sofrimento com o êxtase[31].

....

30. Freud, S., *L'Avenir d'une illusion*, Paris, PUF, 1971.

31. Maton, K.,"The stress-buffering role of spiritual support: cross-sectional and protective investigations", *Journal for the Scientific Study of Religion*, 28, 1989, pp. 310-29.

Claro que não se trata da localização cerebral de Deus, mas da prova neurológica de que sua simples representação acalma os marcadores biológicos do estresse. A agitação se aquieta, o sujeito infeliz recupera algum controle emocional ao evocar sua procura de proteção e sua submissão a uma base de segurança interna poderosa e tranquilizadora.

Tudo isso explica por que existem mil maneiras de amar Deus. Apegamo-nos a Ele como nos vinculamos a uma figura de apego, com o modo de amar adquirido antes. Muitas vezes, com um estilo amoroso e alegre, agradecemos o milagre da vida ou o fato de ter recuperado o gosto pelo mundo que tinha nos abandonado. Às vezes o amamos de forma ambivalente: é preciso se aferrar ao amor pelo bom Deus para não se deixar levar pelo Diabo que nos tenta. Outras vezes lhe suplicamos com fervor para não nos abandonar, como um náufrago se agarra à sua tábua de salvação. Esse hiperapego ansioso nos torna facilmente agressivos contra aqueles que tentam arrancar de nós a tábua ou querem nos fazer duvidar da qualidade de nossa fé. Precisamos tanto acreditar que aquele que nos faz hesitar aparece como agressor.

Os súbitos fervores da adolescência costumam ser encontrados com maior frequência numa população de jovens mulheres que anteriormente tinham estabelecido com suas mães um apego distante (28%[32]). Um grupo de crianças com vínculos pacíficos, criadas em famílias religiosas, foi acompanhado durante vários anos: somente 1% delas descobriu Deus num momento de paixão fulminante. Um grupo de crianças ambivalentes, por outro lado, recebeu a flecha do amor divino em 4% dos casos. Às vezes os distantes encontram Deus durante uma revelação, ao passo que os seguros continuam a amá-lo tranquilamente.

....

32. Kirkpatrick, L. A.; Shaver, P. R., "Attachment theory and religion: Childhood attachments, religious beliefs and conversion", *Journal of the Scientific Study of Religion*, 29, 1990, pp. 315-34.

Esse fervor constitui um acontecimento psíquico considerável, um momento decisivo da vida a partir do qual haverá um antes e um depois. Quer se trate de um apego ansioso ou de um novo alento afetivo depois de alguns anos frios, o retorno do calor pode provocar um sublime mórbido, uma espécie de clivagem: uma parte da personalidade sofre e permanece gelada enquanto a outra explode e se põe a vibrar ao encontrar a representação divina que lhe devolve vida. O corpo e a realidade são lugares de sofrimento, ao passo que a alma e suas representações se tornam um espaço paradisíaco. Os soldados nas trincheiras da Primeira Guerra Mundial ilustraram muitas vezes essa ideia. Enquanto a realidade lhes impunha uma tortura constante por causa do frio, da fome, da lama, dos ratos, do horror dos cadáveres e das partes congeladas de membros, muitos jovens aterrorizados viviam ao mesmo tempo uma maravilhosa história de amor com Deus[33]. Quando as crianças doentes entendem que vão morrer, muitas vezes se apaixonam por seus pais, e sua gentileza afetuosa diante da morte nos faz admirar sua coragem. Quando um corpo é torturado pela realidade e a alma está maravilhada pelo amor a Deus, a mortificação e o êxtase formam um par de opostos. Depois da guerra, quando a vida volta a ser suportável, a clivagem se atenua nas memórias. Esses homens recuperam o prazer da realidade e conservam uma gratidão para com aquele que os salvou. Então, para que todos o saibam, pintam ex-votos e constroem catedrais. A solidariedade do grupo constitui um fator de afeto, de segurança e de reforço da crença.

Quando o sublime se torna mórbido

O sublime se torna mórbido quando alguns sobreviventes das trincheiras mantêm o ódio da realidade que os fez sofrer. Para

....

33. Allport, G. W., *The Individual and his Religion*, Nova York, Macmillan, 1950, p. 56.

eles, a salvação só existe no além. Tudo o que permita saborear a vida provoca um sentimento de nojo ou de vergonha de ser feliz. Gozar num corpo podre torna-se um ato obsceno e aceitar a felicidade na terra leva a trair aqueles que morreram para nos proteger. A felicidade é um escândalo, e o ódio do corpo orienta esses homens para o integrismo, em que é preciso se submeter à lei do Salvador para combater a realidade imunda.

Nas interações precoces, a figura de apego tem de estar sensorialmente presente para marcar uma estampagem tranquilizadora no psiquismo em via de desenvolvimento da criança. Nas interações tardias, o idoso vai se retirando progressivamente da realidade e habita cada vez mais suas representações de Deus e as de suas lembranças. Nas interações tardias, quando a realidade se apaga e o mundo das lembranças que preenche o espaço interno foi pobre, o idoso volta a sentir sua dificuldade de se apegar. Quando, em Auschwitz, a realidade era indizível e o mundo interno vazio, já não havia base de segurança, nem fora nem dentro de si. Nem homens nem deuses, o único alívio vinha da esperança de morrer.

Num contexto de paz, quando a realidade é sossegada, aqueles que tiveram um apego seguro e adquiriram na infância a representação do Deus de sua cultura experimentam o prazer e a surpresa de conhecer o Deus de um outro grupo. Não renunciam ao seu, mas, como qualquer criança serena, gostam de explorar e conhecer o mundo das coisas e das gentes, mesmo que sejam diferentes. Já aqueles que adquiriram um apego ansioso só se sentem bem em contato com seu Deus. Tendem a lhe atribuir plenos poderes e a fazer dele um Deus totalitário. Os deuses extremos[34] não dividem. Exigem uma submissão integral a fim de tranquilizar aqueles que neles creem.

Quando o envoltório afetivo de uma pessoa idosa se rompe porque um parente se afasta ou morre, seu mundo responde

....

34. Mikulinger, M.; Shaver, P. R., "Attachment theory and intergroup bias: evidence that priming the secure base schema attenuates negative reactions to out-groups", *Journal of Personality and Social Psychology*, 81, 2001, pp. 97-115.

ainda melhor às representações que ela conservou na memória. A viúva sabe que o marido já não existe na realidade, mas sente que ele ainda existe nas representações que conservou dele. Então, continua conversando com ele, pondo seu prato na mesa e imaginando seus passos quando ele voltava do trabalho ou sua respiração quando dormia ao seu lado.

Os idosos respondem muito mais a suas representações que à realidade que os cerca. Pensam nos que se foram, conversam com suas fotografias, defendem seus interesses ou sua memória, estabelecendo assim um processo que os tranquiliza e lhes permite viver num mundo familiar. O mundo já não está à sua volta, está dentro deles, na sua memória. Essa evolução psicobiológica explica o retorno de Deus nos idosos que o conheceram quando crianças.

Inversão dos apegos

Esse remanejamento da memória com a idade, em que o mundo circundante se esfuma ao passo que a narratividade íntima se reforça, explica o retorno das estampagens e a inversão dos apegos. Quando os idosos conversam com seus mortos para debater com eles um problema atual, como é frequente os viúvos fazerem, fica-se pasmo com o poder tranquilizador dessa cena imaginária, tão eficaz quanto a melhor das sessões de psicoterapia[35]. A revivescência do passado diminui o poder tranquilizador das bases de segurança externas e aumenta o das representações inscritas na memória. Não é raro, então, ouvir senhoras idosas chamar a própria filha, de quem se sentem filhas, de "mamãe". Estão respondendo à representação que tinham de si próprias na infância e ao sentimento de familiaridade tranquilizadora que a filha proporciona, tal como fazia sua própria mãe. Esse retorno das estampagens biologicamente tra-

....

35. Klas, D.; Silverman, P. R.; Nickman, S. L., *Continuing Bonds. New Understanding of Grief*, Washington D. C., Taylor and Francis, 1999.

çadas no inconsciente cognitivo inverte então os papéis parentais e dá aos filhos um poder tranquilizador[36]: "Fico mais à vontade quando minha filha está por perto... vou perguntar para o meu filho", é comum escutar quando se pede para os idosos tomarem uma decisão.

Alguns filhos aceitam sem desprazer essa inversão de papéis, outros fogem dela com angústia e alguns não entendem por que se sentem obrigados a cuidar da mãe que os maltratava ou do pai que os assustava. Os filhos que se tornam pais entram nessa nova relação evocando o apego passado: "Fico orgulhoso de cuidar dele... Finalmente tenho o pai com que sonhava... Por que ele não foi sempre gentil assim? Não quero mais ouvir falar nisso... Tarde demais..." são frases frequentes nessa nova relação em que a inversão de papéis desperta o passado.

Seja qual for a cultura, encontra-se regularmente a distinção entre apegos impregnados (pais, esposo, irmãos, amigos de infância) e apegos ocasionais (vizinhos, clubes, grupos de encontro[37]). Os encontros ocasionais podem apoiar ou distrair, mas já não têm poder de aprendizagem. Havia uma correlação entre o apego parental e o modo como a criança se socializava, mas já não há relação entre o apego dos primeiros anos e o modo de amar do idoso, o que prova a evolutividade das estampagens. Ao longo de uma vida, conhecemos apegos diferentes, cuja mistura nos dá um estilo afetivo característico: numa mesma constelação afetiva[38], podemos estabelecer um vínculo inseguro com uma mãe preocupada, manifestar um apego seguro com um pai ausente, aprender o ódio por um irmão mais velho e a ambivalência por uma irmã menor que admiramos, mas cujo sucesso

....

36. Steele, H.; Phibbs, E.; Woods, R. T.,"Coherence of mind in daughter caregivers of mothers with dementia: links with their mother's joy and relatedness on reunion in a strange situation", *Attachment and Human Development*, 6 (4), dezembro de 2004, pp. 439-50.

37. Magai, C.; Consedine, N. S., "Attachment and aging", *Attachment and Human Development*, 6 (4), dezembro de 2004, pp. 349-51.

38. Baldwin, M. W.; Keelan, J. P. R.; Fehr, B.; Enns, V.; Koh Ran Garajoo, E., "Social-cognitive conceptualization of attachment working models: availability effects", *Journal of Personality and Social Psychology*, 71, 1996, pp. 94-109.

nos oprime. A convergência desses modos de amar se impregna em nossa memória e evolui ao sabor dos encontros afetivos. Quando uma estampagem não se modificou porque o sujeito era psicorrígido ou porque seu meio não dispôs uma constelação afetiva variada à volta dele, a marca do passado ressurge e faz voltar um sofrimento que se acreditava esquecido.

Figuras que foram fundamentais num momento de nossa vida desapareceram da realidade ou de nossa memória. Algumas estrelas afetivas que acreditávamos ser secundárias tornam-se principais em outras circunstâncias. O universo afetivo muda de forma, e, depois dos setenta anos, a restrição do espaço e das conquistas sociais reduz a constelação idosa para cinco ou dez estrelas, algumas impregnadas e outras ocasionais.

A volta das estampagens explica o motivo pelo qual, no idoso, a proximidade afetiva das interações tardias não se dispõe da mesma maneira que as interações precoces. Uma criança precisa de proximidade física e sensorial para se tranquilizar. Precisa tocar sua figura de apego, olhar para ela, aconchegar-se contra ela, senti-la e ouvi-la para incorporá-la nos circuitos cerebrais de sua memória e de suas emoções. Só depois disso é que poderá dela se afastar e levá-la dentro de si, em seu mundo interno. Os idosos, por sua vez, reencontram essa estampagem quando imaginam seu passado e internalizaram essa figura tranquilizadora. Faz décadas que adquiriram o hábito de responder bem mais à sua representação que à sua percepção: "Se meu pai me visse!" Por isso não têm nenhuma dificuldade de responder a Deus.

Nenhum de nossos filhos acredita em Deus no dia em que nasce. Quando começa a falar e sua linguagem ainda é apenas designativa, continua não pensando nisso. Somente quando sua linguagem se tornar representacional será capaz de responder a algo totalmente ausente: a morte. Antes dos seis anos, a palavra "morte" evoca um país distante, um alhures celeste. Alguns anos depois, a criança pensa que a morte é um alhures não representável, já que não se pode experimentá-la em vida. Só é possível imaginá-la como um vazio, um alhures, um infinito depois da vida. Para não sentir uma vertigem ansiosa, é então preciso preencher esse nada. A criança só adota as crenças de suas figuras de apego quando sua empatia se desenvolveu bem e ela deseja compartilhar da fé daqueles que ama. Reencontramos assim o esquema dos primeiros vínculos: "Quando o mundo que percebo me assusta, eu me refugio no corpo da pessoa que me tranquiliza", poderia dizer o bebê. Mais tarde, ao envelhecer, dirá: "Quando o mundo exterior me assusta, eu me refugio nas representações daqueles que continuam a me tranquilizar." Os idosos povoam o infinito não representável com locais de oração, rituais, catedrais, templos, mesquitas, cantos, palavras, gestos, vestes, atitudes, objetos de culto, cheiros, algumas notas musicais, relatos, discussões e recitações. Todos esses significantes percebidos enchem o vazio infinito com representantes que evocam o não-representável: a instância todo-poderosa que traz a morte depois de ter dado a vida. Esses teatros místicos, cujas encenações diferem segundo as culturas, explicam a geografia das crenças, os continentes muçulmanos e os outros cristãos, os bairros, as famílias em que se internaliza um modo de crer em Deus que nos vincula àqueles cuja crença compartilhamos. Oferecem-nos uma base de segurança que luta contra a angústia da morte dispondo alguns monumentos, alguns objetos ou melopeias que evocam o não-representável. Esse modo de agir espiritual reproduz o procedimento da linguagem que põe no real um significante para evocar um significado impossível de perceber.

Morrer não é perder a vida

Pode-se entender assim por que a representação de "morrer" está associada à de "perder a vida" e dela se diferencia. Morrer é antecipar um nada, não é sofrer depois da vida. Somente quem ama a Deus com ambivalência pensa que Ele pode levá-los tanto para o inferno como para o paraíso. Estes imaginam o pós-vida como um terrível desconhecido. Mas quem ama a Deus de maneira segura tem o sentimento de que não se sofre depois da morte mais do que se sofreu antes da vida. É um além, só isso, difícil de imaginar, mas que pode ser preenchido com imagens ou signos.

Perder a vida é outra coisa. É se separar de quem se ama, é perder a casa que foi tão difícil conseguir, é perder as paisagens em que se viveu, é perder a própria história como se ela nunca tivesse ocorrido, é desqualificar as felicidades, os sonhos e os sofrimentos que aceitamos para viver pelo menos um pouco. Tudo isso por nada? Isso sim é doloroso!

Ama-se a Deus como se amam os homens quando os sentimos como uma base de segurança. Ama-se a Deus mais do que se amam os homens quando estes nos fazem sofrer e estabelecemos com eles vínculos distantes ou ambivalentes. Em geral, um Deus de amor que dá o prazer de um vínculo materno apaziguador e alegre é que justificaria rezar "Mãe Nossa que estais no céu".

Por vezes, contudo, esse amor é mórbido. Pode-se amar o Todo-Poderoso ou detestá-lo quando Ele nos faz sofrer ou nos abandona. A existência de Auschwitz é a prova de que Deus não existe. Então as pessoas se afastam d'Ele porque, sem forças para viver, já não sentem o prazer de amá-lo. Pode-se até às vezes adorá-lo com ódio quando nosso impulso na direção d'Ele, desligado da realidade, legitima o ódio ao corpo, à beleza e aos prazeres, como foi o caso dos católicos da Inquisição e é hoje o dos talibãs. Esse sublime mórbido em que tudo o que vem de baixo não passa de podridão inventa uma condição humana em que a vida é odiável. É preciso morrer por Ele e, se for preciso, matar para ganhar o direito de viver a seu lado num alhures invisível. Esse Deus mórbido é uma arma na mão dos tiranos, que exigem em seu nome que os homens se submetam, matem e se matem por um ideal de pureza que nenhum vestígio de felicidade venha macular. Esse Deus tirânico organiza a agradável solidariedade daqueles que a ele obedecem até a morte e conduz como se fossem um único homem seu grupo de adoradores, que devem ignorar, desprezar e até eliminar os homens dos outros grupos que não creiam no mesmo Deus.

Se admitirmos que Deus tem um efeito psicológico comparável a uma base de segurança internalizada[39] que precisa ter medo para sentir a felicidade de amar aquele que nos tranquiliza, encontraremos a associação do par de opostos, entre um desconhecido que assusta e dá seu efeito tranquilizador e um conhecido que protege. No idoso, o par de opostos está constituído pelo medo de morrer e de encontrar o desconhecido associado com o medo de perder a vida e ser separado para sempre de seu mundo familiar. Morrer e perder a vida constituem um par em que um assusta ao passo que o outro desespera. Mas, quando o sujeito idoso consegue se tranquilizar com uma representação divina, e quando seu grupo humano lhe fornece os elementos rituais que o tornam capaz de suportar a perda, então pode-se abrir um acesso à espiritualidade que transfigura a realidade.

Se as pessoas de idade sofrem da angústia da perda mais do que com a ideia de sua morte, é provavelmente porque o envelhecimento do cérebro e a representação do tempo avançado fazem ressurgir na consciência as estampagens do passado. Esse palimpsesto da memória, em que as primeiras marcas se exprimem mais intensamente que as recentes, pode ser demonstrado pela neuropsicologia da música.

Interdição da neuromusicologia

As ferramentas fornecem arquivos sólidos que nos ajudam a entender como esses objetos propulsaram a aventura humana. Três milhões de anos atrás, os sílex talhados com perícia devem ter nos tranquilizado quando os transformávamos em armas para lançar contra animais ou em ferramentas mediante as quais podíamos agir sobre a natureza e começar a dominá-la. Foram

39. Fraley, R. C.; Shaver, P. R., "Loss and bereavement: attachment theory and recent controversies concerning grief work and the nature of detachment", *in* J. Cassidy, P. R. Shaver (orgs.), *op. cit.*, pp. 735-59.

abertos centros de aprendizagem profissional para ensinar os jovens a talhar pedras. Esse artesanato transformou a vida cotidiana graças à caça de pequenos animais, à limpeza das peles dos animais mortos e ao sentimento de estar protegido que ele suscitava. Mais tarde, quinhentos mil anos atrás, a descoberta do fogo foi outra revolução na arte de viver da qual ainda encontramos vestígios nos lares. Quarenta mil anos atrás, o aparecimento das pinturas rupestres nos fornece a prova de que nossos ancestrais sabiam agir não só sobre a realidade, mas também sobre a alma dos homens.

Os arquivos são menos claros no tocante à música. Parece que o senhor Neandertal tocava em pequenas orquestras com flautas feitas de osso e tambores. Esses arqueomúsicos deviam aparecer no instante em que se colocava o defunto coberto de pétalas de flores na sua sepultura de pedrinhas coloridas, enquanto o grupo chorava e recitava orações. Esse teatro da morte permite colocar o problema da neuropsicologia da música. Os neandertalenses, que não tinham um cérebro exatamente igual ao nosso, um pequeno lobo pré-frontal e um grande "coque" ocipital, sabiam fazer da música e das palavras ferramentas. Isso quer dizer que estruturas cerebrais diferentes das nossas podem ouvir música e não apenas barulho. Graças a esse artifício, os artistas encenam uma tragédia, cuja função é sincronizar as emoções do grupo e trazer à consciência um acontecimento para que dali em diante ele ganhe sentido.

Assim é que a música neandertalense poderia formular o problema. Vocês ficarão surpresos quando souberem que essa questão ficou proibida por muito tempo. A preocupação com as origens tem um grande peso ideológico. Se aceitarmos a ideia de que o senhor Neandertal, apesar de seu cérebro, de seu aparelho fonador e de sua biologia diferentes, era capaz de palavras, de música e de espiritualidade, seu desaparecimento colocará um problema moral[40].

....

40. Trinkaus, E.; Shipman, P., *Les Hommes de Neandertal*, Paris, Seuil, 1996, p. 27.

Em 1866, a Sociedade Linguística de Paris proibia qualquer pesquisa sobre a origem da linguagem e recomendava estudar apenas as línguas civilizadas[41]. Imaginem que alguém chegue a demonstrar que a linguagem se enraíza na matéria cerebral; nesse caso, sua origem imaterial divina ficaria maculada por tal conhecimento, que nos sugeriria que também os não-homens têm uma alma, de que o verbo é a prova. Entre os não-homens, vocês deverão classificar os negros, os ciganos, os gorilas e alguns estrangeiros que vocês não suportam. Graças a essa interdição, somente o homem, seu semelhante, é o guardião de Sua Natureza Sobrenatural. Foi por um motivo análogo que as pesquisas sobre as origens da música viraram tabus. A doxa da época afirmava que a única música natural era a ocidental e que a das outras culturas era primitiva ou degenerada.

Um homem sem linguagem nem música não é concebível. Mas, já que cérebros com estruturas diferentes podem produzir essas performances abstratas e artísticas, terão de concordar que uma música sem homens é pensável.

A favor de uma zoomusicologia

Se considerarmos que a música é uma arte de combinar sons em altura, intensidade, frequência, duração e silêncios que organizam sequências, será possível dizer que os gritos de animais compõem uma música. Um zoomusicólogo[42] observa que os animais não fabricam instrumentos, não escrevem partituras e não cobram pelos lugares nos concertos que organizam ao ar livre. Contudo, muitas espécies combinam os sons que emitem. Os arrulhos de exibição sexual de um pombo macho que infla o peito e de uma fêmea que se abaixa e abre as asas foram precedidos de sequências gritadas. A organização sonora pode até

....

41. Quillier, P., "Dramaturgie du vertige: l'origine du langage", *in* J. Trabant (org.) *Origins of Language*, Budapeste, Colloquium, 1996.

42. Entrevista com François-Bernard Mâche, "La musique n'est pas le propre de l'homme", *La Recherche*, edição extra, nº 4, novembro de 2000.

designar um objeto ou uma situação. O macho Tyrannus Tyrannus (ave da América do Norte, suiriri-valente) emite às vezes um grito cuja arquitetura sonora só aparece em presença de um objeto novo[43], em outros casos emite apenas gritos de rotina.

No tentilhão, o canto adulto dura dois segundos e meio, compõe-se de sons compreendidos entre dois e seis kHz e divide-se em três motivos de várias notas que terminam com uma fioritura. Um filhote de tentilhão criado em isolamento conserva essa organização sonora, mas, privado de modelo auditivo, divide mal seu trilado e nunca termina com a fioritura que alguns chamam de "assinatura cantada...". Esse aspecto funcional do canto dos pássaros e dos gibões não permite explicar as polifonias entre vizinhos. Não é raro acontecer de pássaros, macacos ou animais de espécies diferentes harmonizarem seus cantos, para além de qualquer necessidade de reprodução, de território ou de agressividade. O prazer puro e simples poderia explicar os repertórios variados, inventados, surpreendentes e totalmente inúteis não fosse pela estética?[44]

A aptidão para cantar depende de uma transação entre um sistema nervoso que possui uma competência e seu entorno, que o transforma em performance. Um galo surdo de nascença canta da mesma maneira que qualquer galo adulto. Seu sistema nervoso não necessita de modelo para aprender, ao passo que um pisco-chilreiro criado por outra espécie aprende a cantar como seus pais adotivos. Uma gaivota marselhesa solta um *staccato* triunfal quando obtém uma boa performance relacional, ao expulsar um congênere para tomar seu lugar ou ao exprimir seu bem-estar depois de uma encontro sexual. Mas, quando se compara seu canto de triunfo com o de uma gaivota

....

43. Cosnier, J.; Coulon, J.; Berrendonner, A.; Orecchioni, C., *Les Voies du langage. Communications verbales, gestuelles et animales*, Paris, Dunod, prefácio de D. Anzieu, onde ele explica que a melodia da voz materna tem um papel fundador na constituição do Eu-Pele do bebê, 1982, pp. 12-3.

44. Entrevista com François-Bernard Mâche, "La musique n'est pas le propre de l'homme", *op. cit.* e colóquio de Mouans-Sartoux, P. Charbit (org.), setembro de 2004.

inglesa, constata-se facilmente que a imagem sonora de suas "tirolesas" revela duas arquiteturas tonitruantes diferentes[45], como se não tivessem o mesmo sotaque. Uma mesma competência neurológica adota formas variáveis conforme os meios. Essa constatação demonstra a plasticidade do sistema nervoso dos pássaros modelado pelos cantos que o cercam, como um cérebro humano é modelado pelas palavras e pelos gestos nos quais está mergulhado.

Como a música modela o cérebro humano

Essa incursão em etologia animal mostra que, na evolução do mundo vivo, a música precede a linguagem. O mesmo pode ser dito do desenvolvimento de um pequeno humano que, já no décimo mês, dança ao escutar uma música, embora ainda não domine sua língua. Quando um bebê chega ao mundo, a verbalidade que o cerca constitui uma sensorialidade de que percebe preferencialmente as baixas frequências como uma carícia. Nessa fase de seu desenvolvimento, as palavras ainda são objetos sensoriais, mas, já no primeiro ano de vida, percebe preferencialmente os fonemas da língua em que está imerso. A partir de então, durante toda a vida, ouvirá as palavras de sua língua materna com mais acuidade que todas as outras palavras, como se fossem mais sonoras, mais destacadas, mais salientes, mais fáceis de apreender. Esteticamente também, durante a vida toda perceberá melhor a música de sua infância, que desencadeará emoções mais vivas que todas as outras músicas.

A articulação entre o sistema nervoso e seu meio permite entender por que as negociações são várias. A música dos seres humanos corresponde ao esquema das gaivotas que pegam o sotaque de seu meio, mas que cantam sempre na língua das gaivotas. As modas musicais têm de mudar para criar uma sensa-

....

45. Eibl-Eibesfeldt, I., *Éthologie. Biologie du comportement*, Paris, Éditions Scientifiques, 1972, p. 242.

ção de acontecimento, mas essas novidades incessantes não impedem um programa comum a todos os seres humanos. Os cantos a três vozes, com uma delas permanecendo imóvel enquanto as outras duas encadeiam os intervalos de cinco notas, apareceram de maneira independente em várias culturas: os peúles bororo de Níger, os paiwan de Taiwan, os nagas de Assam, os albaneses e provavelmente outros grupos descobriram a mesma estrutura musical embora jamais tenham tido a possibilidade de se encontrar e se influenciar[46].

A música sempre foi estudada como manifestação cultural, o que é inegável mas não exclui a organização das estruturas cerebrais. Alguns pequenos acidentes cerebrais provocam às vezes minúsculas dissecções neurológicas mediante as quais se pode analisar a neuromusicologia. Aquilo a que se dá o nome de linguagem musical é diferente da linguagem falada, mesmo que muitas vezes se tenha vontade de associá-las[47].

De modo geral, escutamos música com o hemisfério direito e tocamos um instrumento com o hemisfério esquerdo. Isso explica o motivo pelo qual os não-músicos costumam estender o ouvido esquerdo que conduz as informações musicais para o hemisfério direito, ao passo que os instrumentistas escutam com os dois ouvidos[48]. A prosódia, a melodia das palavras, revela facilmente se o locutor está entediado ou interessado, se está lendo poesia ou o regulamento do metrô parisiense. A percepção das palavras é diferente porque o ouvido e o cérebro analisam claramente a intensidade, o tempo, o ritmo e todos os componentes biofísicos da voz. Contudo, alguns imitadores conseguem reproduzir a prosódia de uma língua da qual não falam uma palavra sequer: é muito fácil diferenciar a melodia vocal de um chinês da de um árabe ou de um inglês. Até os bebês começam a balbuciar, a partir do décimo mês, com a melodia ca-

....

46. Entrevista com François-Bernard Mâche, *op. cit.*

47. Botez, M. I. (org.), *op. cit.*, p. 338.

48. Wagner, M. T.; Hannon, R., "Hemispheric asymetries in faculty and student musicians and non musicians during melody recognition", *Tasks, Brain Long*, 13, 1981, pp. 379-88.

racterística de sua língua[49]. E os afásicos em via de cura têm dificuldade de exprimir suas palavras com a melodia que tinham antes do acidente. É frequente a associação entre as palavras e sua música, porque os feiticeiros e padres disso se servem para inventar prosódias estranhas como os cantos gregorianos, o tom dos oráculos ou das preces religiosas.

Quem diferencia entre a melodia da música e o cantarolar das palavras é o cérebro. A rede neuronal que cria a sensação musical circuita as informações sonoras para zonas diferentes: quando se escuta música, é o giro temporal direito que é ativado e vai se conectar com o lobo pré-frontal direito*. Os neurônios desses circuitos percebem de preferência o contorno da altura dos sons das notas musicais e da interação das palavras. O ritmo é claramente percebido graças à alternância entre os silêncios e o ataque dos sons, "as localizações no cérebro dos músicos e dos não-músicos"[50] não são as mesmas. As imagens neurológicas de um pianista tocando mostram um forte consumo de energia no seu cérebro esquerdo. No momento em que vê as notas, a leitura da partitura ativa seu cérebro ocipital que processa as informações da imagem*. Quando se apronta para tocar, sua antecipação motora ativa a zona frontal inferior que vai comandar os músculos de sua mão. E, quando passa ao ato, o simples fato de dedilhar ativa a área motora suplementar que se conecta com os circuitos profundos da memória. Para dedilhar, a pessoa harmonizou várias capacidades cerebrais presentes, passadas e futuras, apenas para tocar algumas notas musicais. Quando repete todos os dias esse exercício, acaba fabricando para si um lobo temporal esquerdo em torno da zona da linguagem três a quatro vezes mais largo que o da população em geral[51]. Uma música aérea, abstrata, produzida por uma cul-

....

49. Boysson-Bardies, B. de, *Comment la parole vient aux enfants*, Paris, Odile Jacob, 1996, pp. 119-21.

50. Peretz, J.,"Les bases biologiques de la musique", *in* E. Dupoux (org.), *Les Langages du cerveau*, Paris, Odile Jacob, 2002, p. 432.

51. Sergent, J.; Zuck, E.; Terria, H. S.; McDonald, B., "Distributed neural network underlying musical sight-reading and keyboard performance", *Science*, 257, 1992, pp. 106-9.

tura acabou se implantando no cérebro e hipertrofiando uma parte dele.

Músicas ou palavras

Nem todos os humanos são sensíveis às informações musicais que planam por sua cultura. Algumas pessoas não ouvem a música, existem amúsicos assim como existem disléxicos que não leem a escrita. Para essas pessoas, a música é um barulho particular que as deixa indiferentes ou até as incomoda. É sempre citado o exemplo do general que, depois de um pequeno acidente vascular de sua área auditiva direita, já não conseguia reconhecer a *Marselhesa* e tinha de prestar atenção na bandeira ou nos sinais que os outros militares lhe faziam para se pôr em posição de sentido. Che Guevara, num continente em que a música é um valor supremo, ficava espantado com a importância que seus amigos davam a ela e confessava não conseguir diferenciar uma ária da *Valquíria* de Wagner de um tango da zona meretrícia. A senhora Brauner me contou que seus pais, ricos vienenses cultos dos anos 1930, convidavam Sigmund Freud para concertos em seu grande apartamento[52]. O professor se sentava na poltrona a ele reservada na primeira fila, falava em voz alta ou dava gargalhadas enquanto a orquestra tentava tocar delicadamente. Quando a senhora Brauner lhe sugeriu não fazer barulho, o bom doutor, muito educadamente, afirmou que a orquestra não o incomodava e que podia continuar tocando. Sigmund confessou que o que lhe interessava em óperas como *Don Juan* ou *Carmen* era o problema do vício e da virtude ou do amor não correspondido e não a forma musical e seu efeito estético. Não entendia como, para aqueles que amam a música, "o sentido pouco importa a essas pessoas, elas só se preocupam com a linha, a forma, a harmonia do desenho"[53].

....

52. Brauner, A.; Brauner, F., *Dessins d'enfants de la guerre d'Espagne*, Saint Mandé, Groupement de recherches pratiques pour l'enfance, 1976.
53. Gay, P., *Freud. Une vie*, *op. cit.*, pp. 193-6.

As pessoas que padecem de uma amusia congênita não sofrem. Os daltônicos não se afligem por não ver o vermelho que confundem com o marrom, e nenhum de nós fica torturado por nossa incapacidade de perceber os ultravioletas. Os amúsicos ouvem a música como uma língua estrangeira, só isso.

Freud e Che Guevara provavelmente não possuíam a circuitaria neuromusical, já que tinham ficado imersos na música de sua cultura sem que isso lhes causasse qualquer impressão nem deixasse qualquer marca na memória. Os amúsicos não só não têm acesso a esse grande prazer, como, ademais, privam-se de um maravilhoso tranquilizante. A maioria dos ansiosos "injetam música", como eles dizem. Metem-na no meio da cabeça para se deixar capturar por ela e se impedir de pensar. Muitos dentistas dela se servem à guisa de relaxante, e, por séculos, os militares se apoderaram da mente de seus próprios soldados hipnotizando-os com o rufar dos tambores e o som dos pífanos e dos metais que, magnetizando a marcha no passo cadenciado, capturavam sua mente e os impediam de sentir medo.

Existe um pré-cabeamento das áreas musicais, um pouco atrás das áreas auditivas, que explica por que os surdos gostam de dançar ao som de uma ária musical que percebem como um toque, uma vibração mais ou menos intensa. "Um ilhéu do Pacífico, um cantor de ópera chinês e um louco por rap" percebem as músicas nessas áreas auditivas. Discernem "o contorno da altura de som que faz intervir o lado direito do cérebro, a região do giro temporal superior e a região frontal*"[54], como mostram as neuroimagens.

A existência de redes neuronais da música é reforçada pela constatação clínica de auras musicais. Pode ocorrer de uma crise epiléptica ser anunciada por uma alucinação musical. De repente, o doente ouve uma ária musical porque os neurônios de sua zona temporal posterior direita emitem intensas descargas elétricas que estimulam a memória de músicas ouvidas antes.

....

54. Peretz, I.,"Les bases biologiques de la musique", *in* E. Dupoux (org.), *op. cit.*, p. 435.

Essa alucinação musical previne o doente de que em breve ele irá perder a consciência quando a descarga elétrica se espalhar.

A existência de lesões seletivas precisas, como a impossibilidade de repetir a letra de uma canção, a alteração do ritmo embora se perceba a melodia, ou a impossibilidade de escrever a música embora ainda se consiga lê-la, realizam "dissecções" cínicas que levam a pensar que os suportes neurológicos da música estão próximos da linguagem, mas não são a linguagem.

Estranhas memórias musicais

Essa distinção é ilustrada por certas formas de autismo em que o paciente tem uma memória musical impressionante embora não entenda nem exprima nenhuma palavra[55].

A síndrome de Williams é uma doença geneticamente determinada por uma microdeleção no cromossomo 7. A criança se parece com um duende, pequenininha, com uma fronte alta, uma boca grande, um nariz em forma de trombeta e uma íris estrelada. Essas crianças são alegres, anormalmente sociáveis, apegam-se a qualquer pessoa e cantarolam sem parar. Têm um fluxo abundante e curiosamente sofisticado de palavras, o que contrasta com um quociente intelectual baixo. As sonoridades são um componente essencial de seu mundo sensorial: sobressaltam-se ao menor ruído, olham longamente para as pessoas falando e repetem com perfeição um disco de música que ouviram uma única vez[56].

A síndrome de Asperger realiza performances exatamente opostas. Nessa forma clínica de autismo, as pessoas revelam uma incrível aptidão para a linguagem: conseguem aprender em poucos meses várias línguas estrangeiras, que falam sem so-

....

55. Heaton, P.; Hermelin, B.; Pring, L., "Autism and pitch processing: a precursor for savant musical ability?", *Music Perception*, 15, 1998, pp. 291-305.

56. Bonvin, F.; Arheix, M., "Études du comportement vocal et langagier de deux sujets syndrome de Williams-Beuren", memória para o diploma da universidade de Toulon 2001; e Dambly, M. J.; Talbot, C., "Syndrome de Williams", congresso de Pediatria, Roma, 1999.

taque, mas não têm nenhum interesse pela música, que percebem como um ruído de fundo.

Certos circuitos neurodesenvolvimentais criam aptidões estranhas, mesmo nas pessoas que não são autistas e que no entanto gozam de curiosas sinestesias. Arthur Rimbaud, que falava de "música surda"[57], ilustra o fenômeno de associação de um som a uma cor em seu poema "Vogais". "A negro, E branco, I rubro", em que a estimulação de uma modalidade sensorial provoca a resposta inesperada de outra modalidade. Huysmans achava que os órgãos tinham sabor, ao passo que Boris Vian preferia o piano a coquetéis. Os grandes matemáticos gozam dessas sinestesias. Quando lhes é proposto um problema, põem-se a flutuar em torno da formulação escrita e, de súbito, percebem uma espécie de grafismo em três dimensões. Resta-lhes apenas traduzir essa imagem em linguagem matemática, como uma cadeia de montanhas, para transmitir sua compreensão repentina. As neuroimagens, realizadas durante esse esforço intelectual, iluminam uma conexão inesperada entre as zonas vizinhas que geralmente processam as informações do espaço e as das quantidades. O tomógrafo vê passarem para o vermelho as zonas temporais superiores do giro fusiforme e do giro angular*. Essa "ativação cruzada"[58], essa sinestesia espaço-quantidade, explicaria o dom de alguns grandes matemáticos. Não é raro um músico declarar sentir gosto de chocolate quando ouve as primeiras notas de um concerto, mas a maioria associa os sons musicais com uma sinfonia de cores.

A ingestão de LSD cria estranhas sinestesias, em que a percepção do rosto é subitamente conectada à dos pés, como se o corpo deixasse de existir, ao passo que o complexo amigdaloide é ativado, revelando uma explosão emocional[59]. As modifica-

....

57. Rimbaud, *Rimbaud. Illuminations. L'oeuvre manuscrite*, Paris, Bibliothèque de l'Image, 1998, p. 18.

58. Hubbard, E., "La synesthésie ou comment les neurones poétisent le monde", *Abstract Psiquiatrie*, nº 17, maio de 2006.

59. Robertson, L.; Sagiu, N., *Synesthesia: Perspectives from Cognitive Neuroscience*, Oxford, Oxford University Press, 2005.

ções das sinapses sob efeito dessa droga explicam por que se pode sentir terror vendo uma flor, ou ouvir uma música divina ao escutar os pneus de um carro guincharem.

O fato de cada um de nós ouvir a música à sua maneira não impede a constituição de famílias de ouvintes: aqueles que gostam dos cantos militares e aqueles que os detestam, aqueles que se sentem tocados pelos ritmos do jazz e aqueles que se sentem irritados, os que se deleitam com música clássica e aqueles a quem ela dá sono provavelmente adquiriram essas preferências sensoriais em estampagens precoces que circuitaram as zonas correspondentes do cérebro.

Seria possível viver sem música?

O banho musical precoce, ao circuitar algumas zonas cerebrais precisas, torna sensível para certas músicas, e esse amor compartilhado une as pessoas que adquiriram essas preferências. Os que gostam de jazz se reúnem com prazer em torno dessa música, que passa a desempenhar um papel de organizador do grupo. Os indivíduos se identificam com seus ídolos, adotam um estilo de se vestir, um jeito de falar, de estar junto e muitas vezes até de conduzir a vida. Os rappers não se socializam da mesma maneira que os adoradores do minueto. Cada grupo identificado pelo amor à sua música inventa seus rituais de encontros sociais e sexuais. A função de sincronização das emoções pela música desempenha um papel fundamental no estabelecimento do vínculo. Cantar junto cria um sentimento de intensa intimidade. A implantação cerebral da música facilita a criação de pares pela dança e a sincronização dos desejos sexuais. Também ajuda a organizar os grupos nos encontros artísticos ou políticos.

Surpreende então a afirmação de alguns pesquisadores de que a música é inútil e que, se ela desaparecesse, o homem se adaptaria do mesmo jeito[60]. É verdade que há três milhões de

....

60. Pinker, S., *Comment fonctionne l'esprit*, Paris, Odile Jacob, 2000.

anos o homem falava muito pouco. É verdade que a espécie humana conheceu um longo período sem ferramentas. É verdade que os seres humanos acabaram de descobrir a ciência. Deve-se deduzir disso que a linguagem, as ferramentas e a ciência são inúteis porque o homem pôde viver sem elas?

Freud e Che viveram de fato sem ela, assim como os daltônicos podem viver sem o vermelho. Mas, quando falamos, quando nos beneficiamos da ciência e das ferramentas, quando percebemos a cor vermelha, quando erotizamos e nos socializamos graças à música, vivemos simplesmente melhor.

A cantiga faz parte da volta ao passado quando um refrão qualquer "remete cada um de nós à nossa história"[61]. A música de nossa infância, impregnada no cérebro antes da fala, ressurge na idade avançada e traz de volta o prazer dos primeiros anos. A canção que nossa mãe cantava nos volta à memória e, quando a cantamos para nossos netos, recuperamos a felicidade provocada pela música... setenta anos atrás!

As árias populares são as balizas temporais de nossa vida. O refrão: *Non, je ne regrette rien,* me lembra Édith Piaf e a guerra da Argélia... *Only you,* de Paul Anka, traz de volta as primeiras emoções sexuais. Como a *madeleine* de Proust, "com a canção é possível recuperar o sonho"[62] e tirar a poeira de uma identidade frágil. Os doentes de Alzheimer que perdem o acesso às palavras muitas vezes recuperam de modo surpreendente as letras que cantarolavam quando tinham vinte anos. Uma doente que só conseguia se comunicar emitindo algumas palilalias automáticas: "'Takapô... Takapô... Takapô...' ouve cantarolar 'J'ai deux amours, mon pays et Paris' e, diante do marido boquiaberto, encadeia todas as palavras até o fim da música!"[63] *Eu sou o Lobo Mau* desperta a emoção da doce proteção materna, *Ne me quitte*

....

61. Barbara, *Il était un piano noir. Mémoires interrompus,* Paris, Fayard, 1998.

62. Beuchot, B., "Quand les souvenirs viennent en chantant", *Le Journal des psychologues,* nº 209, jul.-ago. de 2003.

63. Cyrulnik, B.; Colin, J.; Delage, M., gravação em domicílio.

pas faz ressurgir a imagem de um período em que tudo era intenso, tanto a felicidade como a tristeza[64].

"Esses retornos de lembranças esquecidas à consciência são um convite para pensar a velhice de outra maneira que não seja em termos de extinção."[65] De fato, essa aptidão musical pode servir de base para uma memória falha[66], como no exemplo de *J'ai deux amours*, em que cada palavra puxa a seguinte e, fazendo a canção inteira voltar, modifica o olhar do marido e a autoestima da doente.

A música plantada no cérebro bem antes de a criança aprender a falar persevera por muito tempo na doença de Alzheimer depois que as palavras desapareceram. Continua sendo calmante e até socializadora, pois basta fazer escutar sessões de trinta minutos dessas músicas para que as agressões e as deambulações desapareçam[67].

Depois, quando todas as palavras tiverem desaparecido, a música se apagará por sua vez e o paciente, já não conseguindo habitar um mundo de representações longínquas, voltará a ficar submetido ao imediatismo das funções da sobrevivência: beber, comer, dormir e gritar para encher seu mundo esvaziado de humanidade.

Velhices e culturas

A doença de Alzheimer é uma doença de mulheres, já que 80% dos doentes são mulheres e 80% dos acompanhantes

....

64. Beuchot, B., "Utilisation psychanalytique de l'évocation de souvenirs chez les malades d'Alzheimer", *Le Journal des psychologues*, nº 209, jul.-ago. de 2003.

65. Ploton, L., *La Maladie d'Alzheimer, à l'écoute d'un langage*, Lyon, Chronique sociale, 1996, p. 57.

66. Aldridge, D., "De la musique en tant que thérapie dans la maladie d'Alzheimer", *Alzheimer Actualités*, nº 99, maio de 1995.

67. Fitzgerald-Cloutier, M. L., "The use of music therapy to decrease wandering: an alternative to restraints", *Music Therapy Perspectives*, vol. 11, 1993, pp. 32-6.

também[68]. A existência de lesões químicas, a objetivação das regiões cerebrais que as imagens tornam visíveis, a análise clínica dos transtornos de comportamento, a desorientação espaciotemporal e a progressiva dessemantização do mundo não são suficientes para explicar toda a doença. A resposta familiar à tragédia médica e o modo como a cultura fala dela participam da própria produção dos sintomas.

As famílias ficam muito abaladas e o modo como reagem à doença depende da história que tiveram com o parente doente[69]. A atitude não consciente do acompanhante modifica os sintomas do doente. Quando, numa situação de conversa, uma linguista observa as interações entre uma mulher e o marido dela com Alzheimer, demonstra claramente que a empatia da acompanhante diminui os sintomas do marido doente: ela lhe cede a palavra, cala-se quando ele tenta falar e o acompanha por meio de suas mímicas[70].

Também o mito organiza as interações com o doente de acordo com o relato que a cultura faz dessa situação difícil. O peso da palavra "demência" provoca metáforas negativas, de loucura, degenerescência e rejeição induzidas pela cultura ocidental. A paisagem verbal organiza os comportamentos e estrutura os significantes que cercam o doente participando assim da expressão de seus distúrbios[71]. O mito do remédio melhora os sintomas, às vezes agindo sobre a biologia do doente e muitas vezes desculpabilizando os acompanhantes e tranquilizando o meio[72].

....

68. Héritier, F., "L'aide aux aidants: l'apport de la recherche médico-sociale", atas do colóquio da Fondation Mederic-Alzheimer, 2003, p. 6.

69. Arfeux-Vaucher, G.; Dorangen, M.; Vidal, J.-C.; Gaussens, J., "Le dit et le non-dit entre les générations au sein des familles ayant une personne psychiquement dépendante", *in* "L'aide aux aideurs, l'apport de la recherche médico-sociale", *op. cit.*, p. 18.

70. Maury-Rouan, Cl., "Résilience et empathie: la présence de l'autre dans la conduite du discours", grupo de pesquisa e de reflexão "Biologie de l'attachement", Ardix, Lyon, 30 de maio de 2006.

71. Sontag, S., *La Maladie comme métaphore*, Paris, Seuil, 1979.

72. Ngatcha-Ribert, L., "Maladie d'Alzheimer et société: une analyse des représentations sociales", *Psycho-Neuro-Psiquiatrie du vieillissement*, vol. 2, nº 1, 2004, p. 54.

Por pensarem a doença dos idosos de modo diferente, outras culturas organizam outras reações do entorno, o que modifica os sintomas do doente. Um neurologista indiano não entende o que diz um neurologista ocidental: "Vocês dizem que um idoso custa caro e que a família fica indignada com o preço. Na Índia dizemos: vergonha da família que não for capaz de pagar... Vocês dizem que um velho perde suas capacidades. Na Índia, não entendemos isso, porque o que um velho faz não nos interessa."[73]

Numa cultura em que a concepção do tempo é linear, como nas narrativas cristãs em que se vai viver em outro lugar depois da morte, ou nas sociedades em que a ideologia cientificista linear faz crer que uma única causa provoca um único efeito, a velhice é um declínio antes da podridão terrestre. Contudo, numa cultura em que se pensa que o tempo retorna, a velhice representa apenas um momento desse ciclo[74]. Não pode ser um naufrágio, pois basta esperar o retorno da juventude! Quando, na França, o palimpsesto da memória faz os medos da Segunda Guerra Mundial retornarem, quando a mãe de oitenta e cinco anos berra: "Estou ouvindo os soldados alemães subindo pela escada", as pessoas à volta dela se indignam e procuram corrigi-la porque não é verdade: "Que bobagem é essa, mãe? A guerra já acabou faz sessenta anos!", e a mãe se sente incompreendida, sozinha com seu medo. Em Pequim, quando uma senhora de oitenta e cinco anos berra: "Os japoneses chegaram!", a família, interessada, lhe pede mais detalhes: "Conte-nos como era isso."[75] Num mito de tempo cíclico, os velhos não podem degenerar: ninguém se sente doente quando já não consegue correr os cem metros tão rápido como quando tinha vinte anos. Ser idoso não é ser anormal. No Oriente, não se volta a

....

73. Cohen, L., "Alzheimer. Cerveau sans mémoire", *La Recherche*, 10, 2003.

74. Godelier, M., "De la vieillesse magnifique à la vieillesse marginalisée et même expulsée du monde des vivants", *in Le Grand Âge de la vie*, Fondation Eisai, Paris, PUF, 2005.

75. Lupu, F., "Le vieux Chinois peut-il être malade?", simpósio Janssen-Cilag, "La Maladie d'Alzheimer", Cannes, 12 de março de 2006.

cair na infância, sobe-se até ela para voltar à vida no estado de bebê.

Como tudo muda sem cessar, nosso ambiente, nossa biologia e nossa história, somos obrigados a fazer incessantes transações com as estrelas da constelação que rodeia o sujeito para fazer dele o que ele é, nesse momento, nessa cultura.

Moral da história

A *moral* dessa história é que não temos de escolher. Durante milênios nos disseram: "Escolha o seu lado, corpo ou alma?" Depois, tivemos de declarar guerra àqueles que tinham se alistado no outro lado.

Os combatentes reunidos sob o nobre estandarte da alma desprezavam os adoradores da matéria que maculavam a condição humana. À força de abstrações, transformaram-se em fundamentalistas da alma que tentam erradicar os exploradores do corpo.

Durante esse tempo, os defensores da causa do corpo recitavam a toda a velocidade algumas teorias biológicas hoje esquecidas. À força de mensurações, que lhes davam a ilusão de serem cientistas, acabaram rotulando os partidários da alma de "preciosas ridículas".

Embora as descobertas, tanto as biológicas como as psicológicas, fossem reais, o mero fato de se alistar sob uma bandeira exigia limitar voluntariamente nossos conhecimentos. Era um bom negócio, pelo qual se podia trabalhar pouco dando a impressão de saber muito. Acumulavam-se ideias, experimentos e argumentos cada vez mais sólidos, verdadeiros e defensáveis, construindo assim uma cidadela biológica da qual a alma era expulsa. Naqueles tempos, os oponentes descreviam um paraíso de pureza do qual a carne era banida.

Para ter certezas, convém ser ignorante. Sentimo-nos fortes, filiamo-nos a um lado que defende um pedaço de condição humana coerente, argumentado por livros, diplomas, movimentos de ideias e encontros amistosos. Essa alienação nos torna felizes, porque reforça nossos laços com aqueles que compartilham da mesma crença.

E aquilo que deveria ter sido um debate científico se transformou em técnica de influência cultural e de poder político. O poder é resultado do pensamento único. Quanto mais você se especializa, mais tem chances de pertencer ao grupo dos melhores. Mas essa estratégia de dominação provoca um empobrecimento do mundo. A ilusão de explicação proporcionada pela recitação de um metabolismo – "Ele deprime porque seu cérebro secreta menos serotonina" – é combatida com as mesmas armas por aquela assentada por uma interpretação moralizante –"Ele está doente porque a mãe dele é mortífera".

Em tal estratégia de conhecimento, quanto mais claras forem as ideias, menos elas são verdadeiras, mas dispomos dos meios de fazê-las mudar: "O princípio dialógico significa que duas ou mais lógicas são diferentes e ligadas entre si..."[1] O pensamento complexo não é muito complicado. Ao contrário até, no pensamento único, quando você pertence ao grupo dos melhores especialistas mundiais de uma enzima rara, tem a sensação de ser um iniciado num saber que ninguém mais consegue entender.

A atitude oposta, que integra disciplinas diferentes, impede a evolução sectária de qualquer poder que cresça excluindo seus oponentes. Quando se procura englobar as informações de natureza diferente num mesmo sistema, cada um se esforça para se fazer entender. Isso não só é agradável, como, ademais, faz surgir ideias imprevistas. Quando um neurologista encontra um músico, descobrem que sua arte molda uma parte do cérebro; quando um veterinário se junta com uma linguista, dão à luz um método que demonstra como a expressão das emoções de

....

1. Morin, E., *Penser l'Europe*, Paris, Gallimard, 1990, p. 266.

um impressiona as emoções do outro; quando um psicanalista permuta com um químico, descobrem como o psicoterapeuta fortalece o cérebro do analisando criando circuitos tranquilizadores.

O convite para descobrir as descobertas dos outros impede o dogmatismo espontâneo de qualquer disciplina que se erige em instituição. Num grupo doutrinário, só uma ideia serve: a do líder que distribui os cargos e as honras. Quando a ordem reina a esse ponto, a vida intelectual se transforma em recitação, como um engodo de pensamento.

As neurociências colocam problemas de ficção científica para os psicólogos: como alguém afetivamente frágil inventa um modo de viver que o leva à felicidade; como a organização perfeita de uma sociedade se torna uma fábrica de maravilhosos sádicos; como o urbanismo tecnológico atrai os condenados da terra, que nele se instalam com seus processos arcaicos de socialização pela violência; e como esse novo universo modela o cérebro das crianças que nele se desenvolvem.

A consciência já não é o que foi. Os neurônios criam um vínculo biológico no vazio entre duas pessoas; as novas galáxias afetivas esculpem formas estranhas na massa de modelar de nossos cérebros; os determinantes humanos são tantos e de natureza tão variada que a duração de uma vida mal lhes dá o tempo de emergir. Cada história de vida é uma aventura humana única.

A melhora das condições de vida graças à tecnologia e aos direitos humanos talvez um dia torne os casais e as famílias inúteis. Na época em que vivíamos em meios naturais povoados de animais que nos comiam, quando o frio nos torturava e o clima nos fazia morrer de fome, o grupo constituía o único refúgio afetivo, o único local seguro que tornava possível sobreviver. Depois que nossos progressos técnicos controlam essas catástrofes naturais acrescentando outras, nossas sociedades facilitam tanto o desabrochar dos indivíduos que o preço da proteção se torna exorbitante. Quando se precisa menos de família, as crianças bem desenvolvidas sentem sua casa como um local de repressão e não mais de proteção. Perdem assim o efeito tranquilizador do apego e, apesar de suas performances incrementadas, tornam-se vulneráveis ao menor acontecimento[2].

Desde que deixou de ser sobrenatural, o homem já não é sagrado. A tecnologia modificou tanto a condição humana que naturalizou sua alma. Talvez tenha sido até mesmo o homem quem deu a Deus o poder de tranquilizá-lo modificando os circuitos biológicos de seu cérebro. A partir do momento em que deixou de fabricar o social com seu sexo e seus músculos, seu corpo já não é um destino. Já não se faz amor para pôr no mundo uma alma e sim para se encontrar e tecer um vínculo íntimo. A coragem dos pais e a violência dos homens já não provocam a admiração daqueles que disso tiravam proveito.

Quando o mundo é cruel, é a força de um corpo que possibilita enfrentá-lo, mas, quando a cultura o suaviza, é a bondade de uma alma que ajuda a se socializar[3].

"– Os olhos de minh'alma e meu corpo não têm uma diferente linguagem...

– ... meu corpo é feito de vossa argila."[4]

Por isso só pode viver coberto por um manto de palavras.

....

2. Susanne, C.; Rebato, E.; Chiarelli, B. (orgs.), *op. cit.*, p. 669.

3. Shani, Y., citado *in* L. Joffrin, prefácio ao *Dialogue interreligieux*, Paris, Dervy, 2003, p. 12.

4. Aragon, *Le Fou d'Elsa*, Paris, Gallimard "Poésie", 1963, p. 160.

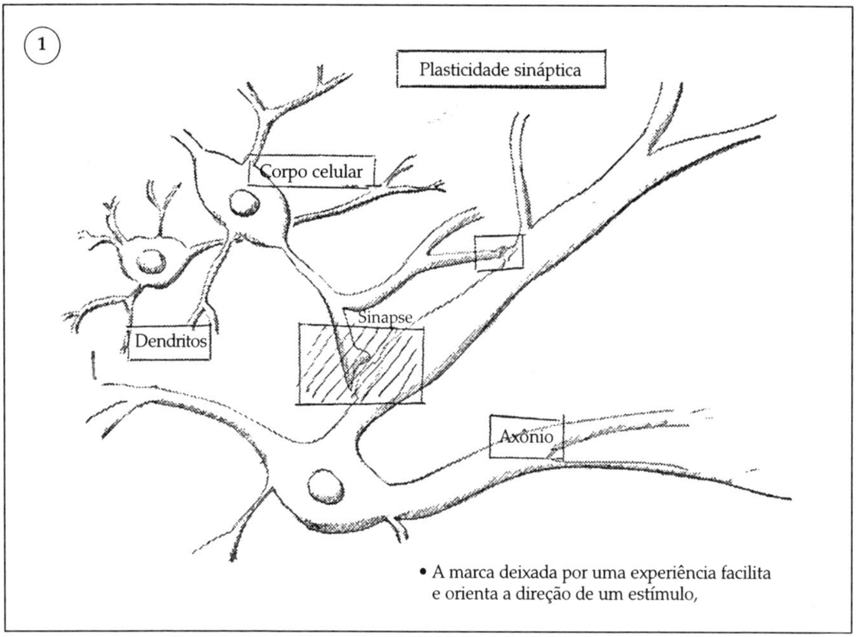
1
Plasticidade sináptica
Corpo celular
Dendritos
Sinapse
Axônio
• A marca deixada por uma experiência facilita e orienta a direção de um estímulo,

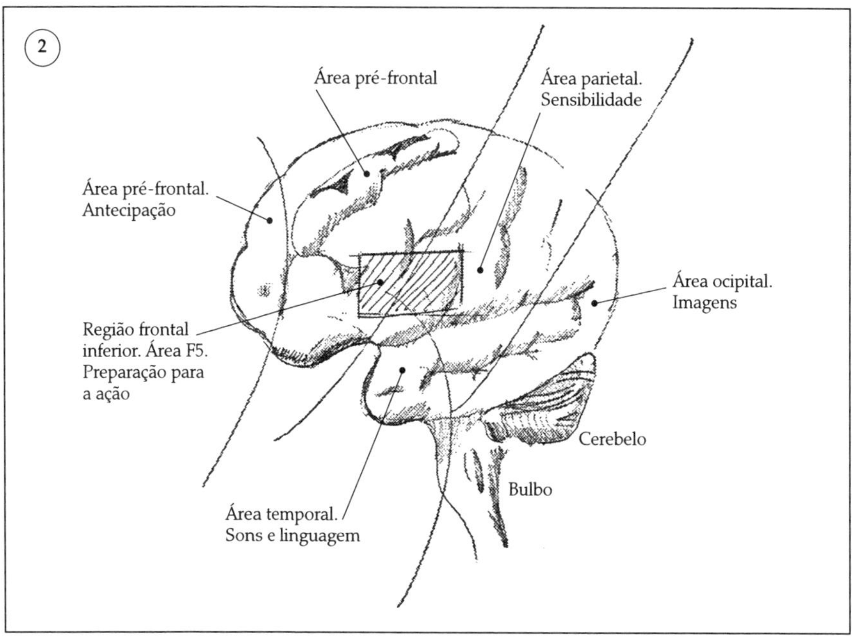
2
Área pré-frontal
Área parietal. Sensibilidade
Área pré-frontal. Antecipação
Área ocipital. Imagens
Região frontal inferior. Área F5. Preparação para a ação
Cerebelo
Bulbo
Área temporal. Sons e linguagem

3

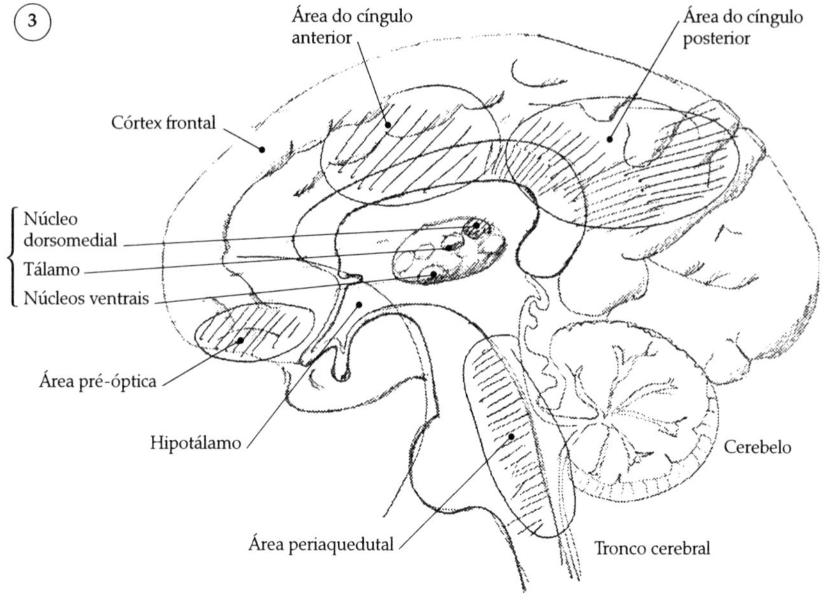
Área do cíngulo anterior
Área do cíngulo posterior
Córtex frontal
Núcleo dorsomedial
Tálamo
Núcleos ventrais
Área pré-óptica
Hipotálamo
Cerebelo
Área periaquedutal
Tronco cerebral

4

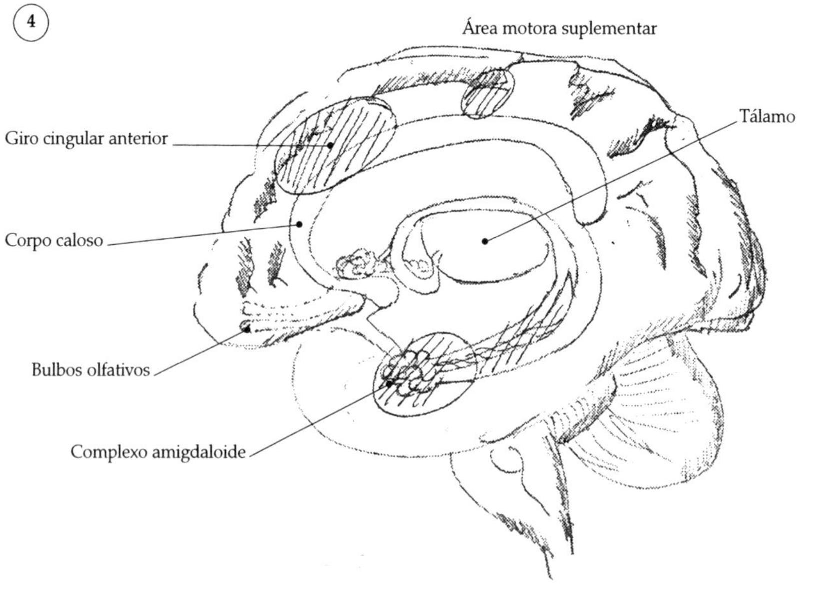
Área motora suplementar
Tálamo
Giro cingular anterior
Corpo caloso
Bulbos olfativos
Complexo amigdaloide

Cromosete
Gráfica e editora Ltda.
Impressão e acabamento
Rua Uhland, 307 - Vila Ema
03283-000 - São Paulo - SP
Tel/Fax: (011) 6104-1176
Email: adm@cromosete.com.br